KB231812

산타와 그 적들

산타와 그 적들
−삶의 문제를 해결하는 사회적기업, 협동조합 이야기

2013년 12월 16일 **초판 인쇄**
2013년 12월 29일 **초판 발행**

지은이 이경숙
펴낸곳 굿모닝미디어
펴낸이 이병훈
등록 1999년 9월 1일 등록번호 제10−1819호
주소 121−865 서울 마포구 연남동 224−65 201호
전화 02)3141−8609
팩스 02)338−4418
www.goodmorningmedia.co.kr
http://blog.naver.com/goodmanpb

ⓒ 이경숙, 2013

ISBN 978−89−89874−35−5   13320

* 책값은 뒤표지에 있습니다.
* 잘못된 책은 바꿔 드립니다.

산타와 그 적들

삶의 문제를 해결하는 사회적기업, 협동조합 이야기

굿모닝미디어

산타 경제를 위하여

산타가 있을까? '산타 할아버지께'라고 봉투에 써서 우체통에 넣으면 산타마을로 배달된다. 북극여우가 불붙은 꼬리로 하늘에 불꽃을 뿌려대는 것이라는 오로라의 땅, 북극이 시작되는 핀란드 '로바니에미'라는 작은 마을이다. 1927년, 그 지역 라디오 진행자가 "산타는 로바니에미의 코르바툰투리 산에 살고 있다"고 말한 것을 들은 아이들이 그 산으로 엽서를 보냈다. 사연을 읽은 우체국 직원이 대신 답장을 보내자 다른 아이들도 편지를 보냈다. 1985년, 이 마을엔 산타 우체국이 생겼다. 고용된 '엘프(요정)'들이 편지에 답장을 한다. 한 해에 55만~60만 통의 편지가 온다.[1]

아이들에게 산타는 선물을 주는 존재다. 아이들이 바라는 선물을 보면 아이들의 삶이 보인다. 대개의 아이들은 장난감 종류의 선물을 보내달라고 한다. 닌텐도, 레고 따위의 상표까지 적어 보내는 아이들도 있다. 한국에서는 "좋은 대학 가게 해주세요" 하는 고등학생들의 편지가 가장 많이 온다. 경제 상황을 짐작하게 하는 편지도 있다.

"우리 아빠가 사업이 망해서 선물을 못 준대요. 산타 할아버지가 선물 좀 주세요."

"우리 아빠 사업이 다시 잘 되게 해주세요."

"아빠 엄마가 아파서 일을 못 하세요. 올해엔 동생들이 선물 받게 해주세요."

이스라엘 등 분쟁지역에서 온 편지에는 "제발 총소리 좀 멎게 해주세요."라고 적혀 있다.

아프리카에서는 이런 편지가 온다.

"산타할아버지, 올해는 제발 깨끗한 물을 실컷 마실 수 있게 해주세요."

"올해엔 배불리 밥 먹을 수 있게 해주세요."[2]

이 아이들에게 선물을 주는 게 '산타'라면, 산타는 있다.

방글라데시에는 검은 얼굴, 흰 머리의 '산타'가 산다. 그는 물이 오염된 지역에 깨끗한 생수를 공급한다. 영양이 부족한 아이들을 위해서는 발효유를, 소득원이 없는 엄마들을 위해서는 무담보 소

---

1) "산타는 몇 살인가요?" "아마 400살…, 태어난 지 오래돼 기억이 안나" 조선일보, 2013년 11월 11일

2) 핀란드 산타우체국 '한국인 요정' 김정선씨, 중앙일보, 2009년 12월 19일

액대출과 함께 돈벌이를 제공한다. 그 공로로 2006년 노벨평화상을 탔다. 그는 자신을 '가난한 사람들을 위한 은행가'라고 부른다. 그의 이름은 무하마드 유누스다. 100여 년 전 미국에는 지진으로 사업이 망한 아빠들한테 돈을 꿔준 '산타'도 살았다. 아마데오 피터 지아니니, 뱅크오브아메리카의 설립자다.

가난한 나라 아이들한테 1,000만 켤레의 신발을 선물한 탐스슈즈, 경제위기로 지역에 일자리가 줄어들 때 1만 4,938명을 새로 고용한 몬드라곤 같은 산타도 있다. 가난한 아이들에게 공부 멘토가 되어 대학진학의 꿈을 이루게 해주는 공부의신, 자영업자와 사회적기업가들이 다시 잘 되도록 무담보소액대출과 경영 자문을 해주는 사회연대은행 같은 산타는 한국에 있다.

옛날 옛적, 산타는 이웃에 살았다. 소라고둥 소리를 울리며 찾아온 이웃은 조개껍질로 예쁘게 세공해 만든 팔찌나 붉은 국화조개의 자개로 만든 목걸이 따위의 조개화폐와 돌도끼 같은 일용품을 내려놓았다. 그러고는 말했다.

"남은 것을 주는 것뿐."

다시 소라고둥이 울리고 의전관이 사람들에게 축제를 선언했다. 돼지고기 등 음식물들이 분배됐고 흥겨운 공동의 식사가 시작됐다.

오스트레일리아 북동쪽 멜라네시아 원주민들의 교역은 귀족적이었다. 겉으로 보기에는 겸손하게 선물을 주면서 인심을 베푸는 것 같았다. 하지만 여기에는 보이지 않는 규칙이 있었다. 반드시 답례를 해야 한다는 것, 즉 호혜와 협력의 의무다.

어느 날, 농사짓는 부족의 어떤 사람이 물고기 잡는 부족의 어떤 집 앞에 농산물을 선물로 갖다 둔다. 선물을 받은 사람은 언젠가 먼 바다에서 물고기를 잡게 되면 자신이 받은 것보다 더 많은 것을 답례품으로 주기 위해 농사짓는 부족의 마을로 찾아간다. 그리고 자신이 받은 것처럼 농사짓는 부족의 집 앞에 선물을 갖다 놓는다. 그 시절, 이곳의 사람들은 서로가 서로에게 산타였다.

알래스카 해안의 하이다족, 브리티시컬럼비아 해안의 콰키우틀족 등 아메리카 북서부 인디언 사이에도 비슷한 풍습이 있었다. 이들은 강에서 연어를, 산에서는 과즙이 풍부한 열매를 맘껏 얻을 수 있어 멜라네시아인들보다 부유하게 살았다. 봄이 되면 사방으로 흩어져 물고기를 낚고 과실을 따다가 겨울이 되면 이들은 도회지(ville)에 모였다. 축제였다. 사람들은 여름에서 가을까지 열심히 잡고 모은 것들을 아낌없이 썼다. 이들 부족 사이에서는 많이 베푼 사람이 가장 힘 있는 사람으로 통했다.

이들은 누군가 자신에게 베풀면 그만큼 혹은 그 이상으로 베풀었다. 베푸는 건 힘 있는 귀족에게 의무였다. 특히 가장 힘 있는 추장은 다른 사람들보다 더 많은 것을 베풀어야 했다. 의무를 이행하지 않거나 예의에 어긋나는 짓을 하면 지위를 잃어버리기도 했다. 평민, 힘이 없는 자들은 이런 의무를 지지 않았다.

이들 부족 사이에서는 베풀지 않은 대추장에 대한 이야기가 전해져 내려온다. 전설 속 그는 '썩은 얼굴'을 가졌다. 이들이 말하는 '얼굴(face)'이란 동양인이 말하는 체면과 비슷한 개념이다. 사회적 인격 같은 것 말이다. 부족은 베풀지 않은 그 추장을 인격이 썩었다고 여겼다.

지금 우리가 사는 사회의 형태가 세계 곳곳으로 퍼지기 전, 동태평양의 폴리네시아 제도와 아메리카 북서부 지방 인디언 사이에는 비슷한 관습이 있었다. 이들은 특정 시기에 혹은 축하연이나 계승식 같은 행사 때 선물을 주고받고 답례했다. 이를 묶어 인류학자 마르셀 모스는 '포틀래치(potlach)'라고 불렀다. 포틀래치는 원래 아메리카 북서부 지방의 치누크(chinook) 말로, '식사를 제공하다' 또는 '소비하다'라는 뜻이다.

서로가 서로의 산타가 되어주는 체제 속에서 사람들은 사는 데에 필요한 재화와 용역 또는 화폐를 선물처럼 줬고, 대가를 답례 받듯 받았다. 우리 사회의 채권자나 금융회사들처럼 빚을 갚을 때까지 독촉하거나 부도냈다고 감옥에 넣지 않았다. 줄 수 있을 때 줄 수 있는 만큼 주고, 받을 수 있을 때 받을 만큼 받았다. 잉여가 있는 자는 다른 이들에게 가진 것을 선물했고, 더 큰 선물과 답례를 하는 자가 더 큰 명예와 더 높은 지위를 얻었다. 마르셀 모스는 포틀래치를 '겉으로는 자유롭고 무상(無償)인 것으로 보이면서도 강제적이며, 이해관계가 복잡한' 경제적 급부(給付) 체제라고 봤다. 상품(商品) 없는 교역이었다.

그렇지만 이 체제의 사람들은 '누구나 더 주려고 안달했다'.[3] 더 많이 축적하기 위해 생산하는 게 아니라 더 많이 소비하기 위해 생산했다. 선물은 축적하는 게 아니라 소비하는 것이니까. 사람들은 득실을 따지고 흥정하는 대신에 선물을 주고받으며 호혜적 협력관계를 만들어갔다.

인디언들의 포틀래치는 오늘날 대부분 사라졌다. 아메리카 북서부 지역에서는 답례 경쟁이 지나쳐서 백인들에 의해 금지됐다. 그 지역에서는 낭만적이지만 사치스러운 베풀기 경쟁이 어찌나 심했던지 서로 더 많이 답례하느라 쌓아둔 전 재산을 다 날리고 파괴해버릴 지경이었다고 한다. 일부 섬에서는 권력 세습이 일어나면서 포틀래치가 사라졌다. 권력 경쟁이 없어지니 베풀기 경쟁도 할 필요가 없어진 것이다.

그러나 다행스럽게도 마르셀 모스가 한 말처럼 "인간이 계산기 같이 복잡한 기계가 된 것은 그리 오래되지 않은" 모양이다. 포틀래치 같은 경제 체제를 낳은 인류의 사회적(Social) 본성은 완전히 사라지지 않고 다른 형태로 여러 문화권에서 발전하고 있다. 이해타산보다는 낭만을, 화폐 가치보다는 감정 가치를 중요하게 여기는 사교적(Social) 본성 말이다.(영어 '소사이어티(Society)'는 한국어로 사회, 사교, 단체, 교제 등 여러 가지 뜻을 아우른다)

인류의 사회적 본성은 가장 이해타산적인 인류의 발명품, 회사

---

3) 마르셀 모스, 《증여론》 류정아 옮김, 지식을만드는지식 펴냄.

(Company)에 포틀래치와 같은 호혜와 협력의 의무를 부여해 현대판 산타를 만들어냈다. 현대판 산타들은 원주민의 포틀래치에서 사치스러운 조개팔찌와 지나치게 성대한 만찬을 뺐다. 현대적 회사 개념에서는 이해타산의 비정함을 뺐다. 두 가지가 합쳐지니 꽤 근사한 것이 나왔다. 현대판 산타들은 원주민의 포틀래치처럼 신용과 명예, 호혜를 추구한다. 현대의 회사처럼 목표 달성을 위해 자원을 효율적이고 효과적으로 사용한다. 현대판 산타들은 원주민의 포틀래치처럼 재화와 일손—또는 일자리—을 선물하되, 현대의 회사처럼 적은 비용으로 더 많은 가치를 창출하기 위해 혁신을 일으킨다.

현대판 산타들은 사회적기업·사회책임기업·협동조합·비영리단체 등 다양한 형태로 활동한다. 이들은 서로 연대하고 협동하면서 산타 경제 체제를 만들어간다. 어떤 전문가는 이것을 선물 경제(Gift Economy)라 부른다. 등가 교환과 화폐경제가 지배하는 시장경제와 달리, 선물 경제는 선물, 증여 등 부등가 교환과 비화폐경제가 중심이 되어 운영된다.

이건 사회적 경제(Social Economy)가 돌아가는 원리와 비슷하다. 한국 정부는 2013년 사회적 경제 생태계를 조성해 일자리를 늘리겠다면서 이렇게 정의했다. "윤리적 입장을 갖는 기업 및 협동조합, 상호부조 조직, 자발적 조직들에 의해 수행되는 공적 목적의 경제 행위 일체." 쉽게 말하자면, 사람의 도리—윤리—를 지키면서 서로 돕는 조직, 외부의 누군가가 아니라 스스로 만든 조직이 하는 경제

행위가 사회적 경제란 뜻이다. 수익이 아니라 사람이 중심이 되어 돌아가는 경제다.

세상을 다스리고 백성을 구하는 게(經世濟民) 원래 경제의 뜻인데, 굳이 사회적 경제라는 말이 따로 생긴 이유는 뭘까. 그건 지금의 세상을 비사회적 경제가 다스리고 있기 때문이다. 사람이 아니라 수익을 중심에 둔 비사회적 경제가 사회적 경제를 밀어내고 있기 때문이다. 지금 출현하고 있는 현대판 산타들은 비사회적 경제가 밀어낸 사회적 경제, 산타 경제를 다시 우리 일상 속으로 불러오고 있다.

####

산타클로스의 원래 이름은 성 니콜라스(Saint Nicolas)다. 1600여 년 전 아시아대륙의 서쪽 끝, 소아시아에서 태어난 그는 자비롭고 아이들을 좋아해 이웃들에게 많은 선행을 베풀었고 후에 성자(Saint)의 반열에 올랐다.

산타의 비밀을 밝히겠다. 우리가 크리스마스 때 보는 산타는 성 니콜라스가 아니다. 산타 옷을 입은 아빠 혹은 친척, 혹은 그 사회 어딘가에 살고 있는 어떤 아저씨다. '실은 알고 있다'고? 맞다. 산타라는 이름은 누구 한 명을 지칭하는 고유명사가 아니라 산타 역할을 하는 모든 사람이 공통으로 쓰는 일반명사다.

아이들은 산타마을이 아니라 자신의 이웃, 그 아이가 사는 사회의 누군가에게 소원 편지를 보낼 수 있어야 한다. 깨끗한 물, 배부

르게 먹을 밥, 평화, 원하는 대학, 가족의 소득원을 줄 산타는 핀란
드가 아니라 그 아이가 사는 사회, 우리 사회 속에 있어야 마땅하
다. 우리 모두는 산타여야 한다. 우리 서로를 위해, 우리 아이들을
위해. 이 시대에는 이미 많은 산타들이 활동하고 있다. 우리도 그들
처럼 할 수 있다.

#####

이제부터 시작할 이야기에는 30명의 산타 혹은 산타 회사가 등
장한다. 1부의 산타들은 어떤 회사가 우리한테 선물이 되는지 설
명할 것이다. 사회적기업 등 소셜비즈니스는 어떤 식으로 이타(利
他)를 통해 이기(利己)를 충족하는지, 탐스슈즈와 뱅크오브아메리카
(BOA) 등 좋은 의도로 설립된 기업들한테도 왜 사회적 책임은 중요
한지, 잘 나가는 주식회사였던 해피브릿지는 왜 협동조합으로 전
환했는지를 말하고자 한다.

2부의 산타들은 선물이 되는 회사의 차이점을 보여줄 것이다. 방
글라데시의 그라민 그룹, 인도의 아라빈드 안과는 여느 영리기업
이상의 비즈니스 혁신을 통해 창출한 가치를 더 많은 사람들이 인
간적인 삶을 향유할 수 있도록 배분한다. 이들이 지닌 높은 사회적
가치는 누군가 경제적 가치를 빼내가지 않기 때문에 창출할 수 있
는 것이다. 한국의 아름다운가게, 다솜이재단은 비영리법인이 투
입 자원의 승수 효과를 높이면 그 자체로 더 큰 환경적, 사회적 가

치를 창출할 수 있다는 걸 보여준다. 벤처기업인 이지무브, 딜라이트는 기술의 힘, 경영 혁신의 힘이 어떤 식으로 작용하면 사회 공동의 복지비용을 낮추고 더 많은 이의 복지를 높일 수 있는지 힌트를 줄 것이다. 공정무역업체 바리의꿈, 경제교육업체 에듀머니 등 중소 사회적기업의 사례들은 사람과 사람 사이의 연계와 결속이 사람의 삶을 어떻게 바꾸는지, 사회적기업가들이 왜 정책 제안을 하면서 시스템 개혁에 나서는지 말해줄 것이다.

만약 이미 사회적기업 등 소셜 비즈니스 창업을 준비하는 독자가 있다면, 3부부터 읽어도 좋을 것이다. 여기엔 선배 창업가들의 체험과 고민을 담았다. 모든 생활인은 밥벌이를 해야 먹고 산다. 산타 기업의 창업가도 마찬가지다. 산타도 생활인이라면 산타 노릇은 밥벌이일 것이다. 밥벌이의 지겨움을 넘어서려면, 창업은 자기 삶의 미션을 이루는 것이어야 한다. 그래서 소셜 비즈니스 창업을 준비하는 첫 단계에서 가장 중요한 일은 '미션 세우기'다. 방법은 크게 세 가지다. 허리우드극장의 창업자처럼 자신의 경험, 즉 살아온 인생이 주는 메시지를 미션으로 삼는 법, 공신닷컴 창업자처럼 자신이 가진 남다른 것—능력, 네트워크 등—을 나누는 법, 시지온처럼 문제를 분석해 창업팀이 함께 도전할 만한 미션을 세우는 법. 비즈니스 모델 만들기, 미션과 비즈니스 모델에 따른 법인격 선택하기 파트에서는 지극히 실무적인 정보를 담았다.

창업 준비생들이 '재원 마련하기', '나는 진짜 창업할 준비가 되어 있는가' 편에 담긴 바이맘, 인디애드 등 최근의 소셜 벤처 사례를 읽고 무상 재원에 대한 지나친 희망을 품지는 않을까 살짝 염려된다. 함께일하는세상, 이로운넷 등 초창기 사회적기업 사례를 읽고 '죽음의 터널'이 오기 전에 미리 포기해버리는 일도 없기를 바란다. 선배창업가, 창업전문가들의 조언과 인터뷰들을 읽으면 다가오는 행운과 시련에 일희일비하지 않는 마음의 자세를 가다듬는데에 도움이 될 것이다.

이 책을 쓰는 동안 몇 가지 사건이 이 책 속의 산타들한테 벌어졌다. 방글라데시 내각은 그라민은행 설립자이자 노벨평화상 수상자인 유누스가 상금과 책 인세 등 해외 소득을 탈루했다며 그라민은행에 해명을 요구했다. 정부는 '그라민은행법'을 제정해 법으로 그라민은행 총재 자격을 제한하고 추천권을 정부가 갖도록 만들었다. 세계금융위기 와중에도 신규고용을 해 노동자협동조합의 힘을 보여줬던 몬드라곤협동조합그룹에서는 파고르 가전 부문이 파산했다. 그룹이 3억 유로, 즉 우리 돈 4,300억 원을 지원했지만 경기불황의 파고를 넘지 못했다.

유누스를 범법자로 만들고, 파고르를 파산하게 한 '적'은 누굴까. 영향력(power)이 커진 산타들이 경계해야 할 것은 강력한 정치권력 혹은 시장권력(force)이라는 '절대반지'⁴)인지도 모르겠다. J.R.R 톨킨의 결론처럼 상식을 가진 사람들은 특정 세력을 강력하게 만드는 시스템, 즉 절대반지를 거부하고 파괴해야 한다.

######

우리가 힘을 합하지 않기에는 우리 앞에 놓인 함께 풀어야 할 문제가 너무 많다. 더 많은 산타를 기다린다. 나 역시 아름다운 마을에 사는 한 사람이 되고 싶기에.

어딘가에 아름다운 마을은 없는가
하루의 일과 끝에는 한 잔의 흑맥주
괭이를 세우고 바구니를 내려놓고
남자나 여자나 커다란 조끼를 기울이는
어딘가에 아름다운 거리는 없는가

먹을 수 있는 열매를 단 가로수가
어디까지나 잇달았고 제비꽃 빛깔의 석양녘은
젊은이들의 다정한 속삭임이 충만한

어딘가에 아름다운 사람과 사람과의
힘은 없는가
같은 시대를 함께 살아가는
친숙함과 우스꽝스러움과 노여움이
날카로운 힘이 되어 솟아오르는

— 이바라기 노리코, 6월

---

4) J.R.R 톨킨의 판타지 서사 소설 《호빗》과 《반지의 제왕》에 나오는 보물 반지. 소설 속에서 세상을 지배하거나 파괴할 수 있을 정도로 매우 강력한 힘을 지녔다.

이 책은 이분들이 안 계셨다면 나오지 못했다.

이 책에 등장한 30인의 산타 혹은 산타 회사가 있어 이 책을 썼다.

비영리단체로 가려던 나를 아직 기자로 할 일이 더 있다며 붙잡아주시고, 경제지에 싣기엔 지나치게 낭만적이면서도 진지한 기획기사를 8년간 연재하게 해주신 머니투데이의 홍찬선 편집국장, 홍선근 회장이 아니었다면 나는 무하마드 유누스 등 30인의 산타 대부분을 만나지 못했을 것이다.

한국언론진흥재단의 지원 덕분에 이 책을 시작했다. 이병훈 굿모닝미디어 대표의 인내 덕분에 이 책을 끝냈다. 라준영 가톨릭대 교수는 공부 더 하고 쓰지 그러냐 하면서도 끝까지 조언을 아끼지 않으셨다. 돌아가신 이승규 KAIST 교수가 계셨어도 그러셨을 것이다.

두 분의 시간이 이 책에 들어 있다. 젖이 적어 보채는 나의 딸 선유를 끌어안고 저녁 어둠이 다 내려오도록 TV도 켜지 않은 채 다독여주신 나의 어머니, 내게 글 쓸 시간을 만들어주느라 퇴근 후 지친 몸으로 새벽까지 딸아이를 얼러주던 나의 남편.

이 책이 되어 준 나무들한테는 고맙고도 부끄럽다.

차례

III. 산타 회사 만들기

IV. 산타 경제를 만드는 사람들

I

어떤 회사가
다른 이의 삶에 선물이 되는가

GIFT ECONOMY

천국의 식사법으로 먹고 살기
: 인디애드 등 소셜 비즈니스 이야기

우리에게는 두 가지 종류의 기업이 필요하다. 개인의 이익을 추구하는 기업과 타인을 돕는 기업 말이다. 전자의 경우, 그 목표는 타인에 대해서는 거의 또는 전혀 고려하지 않고서 기업주의 이익을 극대화하는 것이다(실제로 많은 사람들이 이익의 극대화를 추구하면서 다른 사람의 삶에 해를 끼칠 수 있음을 알면서도 개의치 않는다). 후자의 경우, 모든 것이 다른 사람의 이득을 위한 것이며, 기업주가 얻는 것은 인류에 봉사한다는 즐거움 외에 아무것도 없다. 인간 본성의 하나인 이타심에 근거한 후자의 기업을 나는 사회적 기업(Social Business)이라 명명했다.

_무하마드 유누스,《사회적 기업 만들기(building social business)》중

나 자신에게 선물이 되는 회사

광고기획자 일을 하던 한 청년이 있었다. 그는 자기 일을 사랑했다. 어느 날 그의 팀으로 어떤 정책 광고에 대한 의뢰가 들어오기 전까지는 말이다.

광고주가 광고해 달라고 의뢰한 방향은 실제 정책과는 본질이

달랐다. 광고해야 할 내용은 '4대강 살리기'. 뜯어보니 핵심은 사실상 '운하 만들기'였다. 본질과 다른 내용으로 광고를 만들라는 회사의 주문에 그는 번민에 빠졌다.

"내가 만든 광고를 보고 사람들이 그대로 믿으면 어떡하지?"

그는 회사에 "이건 도저히 못하겠다"고 선언했다. 6개월 후인 2011년 10월, 그는 사표를 내고 인도로 여행을 떠났다. 여기까지는 몇몇 직장인에게 일어났을 법한, 말하자면 어디서 좀 들어본 듯한 이야기인지도 모르겠다. 남다른 이야기는 6개월 후 그가 한국에 돌아온 다음에 펼쳐진다. 여행을 다녀온 그는 슬슬 일이 그리워졌다. 그런데 취직할 엄두가 나지 않았다. 뒹굴며 낮잠을 자다가 불현듯 아이디어 하나가 떠올랐다.

"나 자신에게 회사를 선물하자!"

2012년 3월 1일의 일이었다. 그때까지만 해도 그는 자신이 하고 싶은 게 뭔지, 어떤 회사인지 잘 몰랐다. 빈둥거리다 옷을 기부하러 아름다운가게 홈페이지에 들어갔다. '뷰티풀펠로우'를 선발한다는 공고가 떠 있었다. 뷰티풀펠로우란, 아름다운가게가 지원하고 육성하는 사회적기업가를 뜻한다. 이것이 그의 다음 행로를 결정했다. 그는 자신이 하고 싶은 회사가 바로 사회적기업이란 걸 깨달았다. '자본의 가치로부터 독립된 광고를 만드는 제작시스템' 말이다.

그는 임의단체로 인디씨에프를 세우고 자신에게 선물하고 싶은 독립 광고 회사에 2,000만 원을 투자, 정확히 말하자면, '기부'했다.[5]

그의 표현에 따르면 이때부터 '로또 4번 맞는 운'이 이어졌다. 아름다운가게, 소셜벤처파트너스서울(SVPS), 한국사회적기업진흥원의 '청년 등 사회적기업가 육성과정', 'H-온드림' 오디션의 인큐베이팅 분야 지원대상자로 선정돼 모두 합해 1억 8,000만 원을 지원받았다.

이 돈으로 그와 그의 회사는 다른 이들에게 선물을 주기 시작했다. 돈이 없어 광고 기회를 얻지 못했던 동네 슈퍼마켓 등 영세자영업자, 사회적기업, 비영리단체에 무료로 광고 기회를 제공했다. 지원 대상은 투표로 선정했다. 버스나 지하철 텔레비전으로부터 돈 대신 빈 공간과 시간을 기부 받아 제작 광고를 무료로 내보냈다.

이 이야기의 주인공은 광고기획자 박정화 대표다. 그는 인디씨에프를 통해 쌓은 이러한 경험을 기반 삼아 2013년 8월 15일, 사단법인으로 독립광고협회 인디애드(www.indiead.org)를 출범시켰다. 모토는 '자본에서 독립한 광고'로 정했다. 사단법인 창립에는 107명의 광고인, 사회적 기업가, NGO활동가, 촬영감독 등 전문가들이 참여했다.

인디애드가 창립 보도자료를 돌린 날, 언론과 블로그미디어들은 그의 사업을 앞다퉈 소개했다 한 라디오방송에서 진행자가 말했

---

5) 사회적기업가 육성 지원을 받는 단계에서는 임의단체도 지원 대상이 될 수 있다. 그러나 국내 법에 따른 인증 사회적기업이 되려면 법인 형태의 조직을 설립해야 한다. 법인 형태로는 비영리법인, 유한회사, 합명·합자회사, 주식회사, 공익법인, 비영리민간단체, 사회복지법인, 소비자생활협동조합이 허용된다. 법인별 설립 절차는 법제처 홈페이지(oneclick.law.go.kr)—사회적기업 코너에 소개되어 있다.

다. "어쩌면 이 사람들, 천사가 아닐까요?" 이 방송프로그램이 이어서 내보낸 가요는 "나 어쩌면 천사와 손 잡았나 봐요" 라고 시작하는 이승환의 '세 가지 소원'이었다.

자기 생일에 남한테 선물하는 호빗족처럼

흥미로운 일이다. 박 대표는 30대 중반에 백수가 된 자신에게 줄 선물로 회사를 골랐다. 그런데 그가 자신을 위한 '선물'로 회사를 만들자 다른 사람들이 거기에 돈과 시간을 '선물'하기 시작했다. 왜 사람들은 박 대표의 선물에 자신의 돈과 시간을 댔을까? 박 대표가 만든 회사는 광고 기회를 얻지 못한 소사업자들을 위한 무료 광고라는, 다른 사람들을 위한 선물을 먼저 돌렸다. '호빗'족처럼 말이다.

J.R.R 톨킨의 소설 《반지전쟁》에는 주인공인 프로도의 종족, '호빗'들의 독특한 선물 풍습에 대한 묘사가 있다. 호빗들은 자신의 생일날에 다른 사람들한테 선물을 주는 풍습이 있다. 그런데도 호빗들은 남의 선물을 챙기는 일에 도통 질리는 법이 없었다. 호빗족이 사는 마을에는 하루가 멀다 하고 생일인 호빗이 있었다. 모든 호빗들은 적어도 일주일에 한번쯤은 선물을 받을 수 있었다.

박 대표가 '나 자신한테 주는 선물'이라며 차린 사업체는 남한테 먼저 선물을 했다. 8년 동안 자신이 쌓은 노하우와 능력을 가지고 영세자영업자, 비영리단체, 사회적기업에 '무료광고'를 선물했다. 그러자 다른 사람들로부터 기부금이라는 '선물'이 돌아왔다. 박 대표가 선물을 준 곳이 아니라 전혀 다른 곳에서 말이다.

남에게 선물이 되는 사업이 있다. 법인형태에 따라, 나라에 따라 불리는 이름은 조금씩 다르지만 이들한테는 공통점이 있다. 다른 사람들에게 기쁨을 줘서 내가 기쁨을 얻는 사업을 한다는 것이다. 자기 생일날에 남한테 선물을 주고 기뻐하는 호빗족처럼 말이다. 이런 일에는 꼭 필요한 것이 있다. '남'이라는 존재다. 그 존재는 좁게 보면 내 이웃이나 내 친구들이고, 좀 넓게 보면 어떤 공동체(community)나 마을(village), 사회(Society)라고 부를 수 있다. 전부터 이 영역에서 일하던 협동조합운동가나 사회운동가, 비영리활동가들뿐 아니라 박 대표 같은 청년들이 이 영역으로 뛰어들면서 영리와 비영리를 넘나드는 매우 다양한 법인들, 다채로운 사업들이 탄생하고 있다.

인간다운 삶을 선물하는 비즈니스

그라민은행 설립자이자 노벨평화상 수상자인 무하마드 유누스 같은 이는 이런 사업을 '소셜 비즈니스(Social Business)'라고 부른다. 사회적기업가 지원기구인 아쇼카(Ashoka), 경제협력개발기구(OECD)는 '소셜 엔터프라이즈(Social Enterprise)'라 부른다. 우리말로는 사회적기업으로 번역된다. 한국에서는 정부 인증을 받거나 지자체 혹은 관련부처로부터 선정된 사회적 사업체를 '사회적기업'이라 부른다. 이들이 내린 정의는 이렇다.

◇ **무하마드 유누스의 소셜비즈니스 정의**[6]

사회적 문제를 종결시키는 것을 목적으로 하는 이타적인 사업

◇ **아쇼카**[7]**의 사회적기업 정의**

일반기업과 달리 영리목적이 아닌 공적인 목표를 바탕으로 운영되는 기업을 일컫는다. 일반적으로 사회적기업은 민간 분야 경영전략을 활용하여 사회문제를 해결하는 것을 주목표로 삼고 있다. 사회적기업이 생산하는 제품이나 서비스는 기본적으로 사회적 문제들을 해결하는 데에 직접적으로 기여하도록 개발된다. 또한 사회적기업은 자체적으로 영리활동(제품 생산이나 서비스 제공)을 통해 재정적 자립을 확보한다는 점에서 기존의 비영리 혹은 자선단체들과 차별지어진다고 할 수 있다.

◇ **경제협력개발기구(OECD)의 사회적기업 정의**

공공의 이해를 위해 수행되며, 이윤 극대화가 아닌 특정한 사회·경제적 목표 달성을 최종 목적으로 하는 기업. 사회적 배제와 실업과 같은 문제에 혁신적인 해결책을 제시하는 공익을 위한 모든 민간활동.

◇ **사회적기업육성법의 사회적기업 정의**

취약계층에게 사회서비스 또는 일자리를 제공하여 지역주민의 삶의 질을 높이는 등의 사회적 목적을 추구하면서 재화 및 서비스의 생산·판매 등 영업활동을 수행하는 기업.

◇ **영국 통상산업부**(DIT : Department of Trade and Industry)**의 사회적 기업 정의**[8]

사회적 목표를 우선적으로 추구하는 기업으로, 주주와 소유주를 위한 이윤 극대화를 추구하기보다 창출된 수익을 주로 기업 자체 또는 지역사회에 재투자하는 기업.

이 책에서 다룰 회사들 중에는 한국 정부의 인증을 받지 않거나 B랩 등 해외 인증을 받은 곳도 있으므로 사회적 목적을 가진 사업체를 통칭해서 '소셜 비즈니스(Social Business)' 라 부르기로 하자. 소셜 비즈니스가 사회 문제를 해결하는 것은 정부, 비영리기구(NPO)나 비정부기구(NGO)가 하는 일과 비슷하다. 사업은 기업이나 협동조합들이 하는 일이다. 그러면 뭐가 다를까.

정부 등 공공기관, 비영리 혹은 비정부기구와 달리 소셜 비즈니스 업체들은 영업행위를 하여 수익을 벌어들인다. 기부금이나 정부 지원금, 추가 투자가 끊겨도 혹은 아예 처음부터 그런 것이 없어도 사명으로 삼은 일을 계속할 수 있다.

고리대출로 고통 받는 이웃사람들에게 자신의 돈을 무이자로 꿔주거나 나눠줬다면 십여 명이나 많아야 수십 명밖에 구하지 못했을 것이다. 그러나 가난한 사람들이 자기들끼리 예금하고 돈을 꿔주고

---

6) 무하마드 유누스. 《사회적기업 만들기》
7) 아쇼카 측에서 언론용으로 제작한 한글 설명자료에서 발췌
8) 한국사회적기업진흥원, 사회적기업연구원 <두드림 사회적기업>

이자를 받아 시스템을 운영하도록 만들었더니 835만여 명의 사람들이 고리대출을 받지 않을 수 있게 됐다. 그라민은행 이야기다.

58세로 은퇴한 의사가 혼자서 자원봉사로 가난한 환자를 백내장 수술해줬다면 그가 죽을 때까지 수술할 수 있는 사람은 몇 명이나 됐을까? 인도의 고빈다파 벤카타스와미는 '공평한 의료 서비스 제공'이라는 사명으로 아라빈드 안과병원을 설립하고 오로랩이라는 저가의 인공수정체를 도입함으로써 400만 명의 빈민이 백내장 수술을 받을 수 있었다.

아름다운재단이 헌 옷이나 헌 책을 모아 바자를 열어 모금했다면 매년 얼마나 모을 수 있었을까? 재사용·재활용 사업 부문을 별도 재단법인의 사회적기업으로 독립시킴으로써 아름다운가게는 매년 30억~40억 원의 수익금을 빈민 혹은 다른 사회단체·사회적기업들을 위해 환원할 수 있게 됐다. 집에서 잠자던 물건들을 깨워 매년 200억 원어치 이상의 경제적, 환경적 가치를 되살리게 된 것이다.

소셜 비즈니스는 사회 공동의 복지 충족에 비즈니스 혁신의 원리를 활용한다. 노무 혁신으로 더 저렴하고 전문적인 공동 간병인 체제를 만들어내거나(다솜이재단) 비용 혁신을 일으켜 정부 보조금으로 살 수 있는 보청기를 만들어낸다(딜라이트). 시장이 영세해 비싼 외국산 제품을 수입해서 써야 했던 장애인 보조기구 영역에 대규모 투자와 기술 전문가를 끌어들여 반값에 가까운 국산 제품을 만들어내기도 한다(이지무브).

그보다 더 매력적인 것은 소셜 비즈니스가 인간이기에 원하는 것, 인간다운 삶을 충족시켜 준다는 데에 있다. 다른 사람 혹은 자연과 관계하는 삶, 원래의 자기 자신의 모습으로 살 수 있는 삶, 꿈꾸던 것을 실행할 수 있는 삶 말이다.

방안에만 틀어박혀 심해의 물고기처럼 지내던 청소년들을 음악으로 불러내어 친구를 만들어주는 유유자적살롱, 빚도 '땡처리'된다는 걸 모르고 내일의 꿈 없이 빚에 눌려 사는 가난한 사람들에게 제대로 된 재무정보와 복지정보를 전하는 에듀머니, 강제이주 당해 중앙아시아에 갔다가 생계 기반을 마련하지 못하고 전전하는 고려인들에게 고향을 다시 만들어주고 있는 바리의꿈 등등 국내에만 해도 수많은 작은 소셜 비즈니스 업체들이 활동하고 있다. 수백만 명, 수십만 명이 아니라 단 한 사람의 삶을 바꾸는 것이라 해도 이들의 가치는 돈으로 셈할 수 없다. 우리는 모두 태어나 단 한 번의 삶을 살므로.

물론, 일반 비즈니스 업체 중에서도 인간다운 삶을 선사하고 새로운 관계망을 만들고 꿈을 주는 기업들이 있다. 뒤에 소개할 탐스슈즈나 뱅크오브아메리카 같은 다양한 영리법인들이 사회적으로 가치가 높은 사업을 한다. 기업의 사회적 책임을 신경 쓰는 영리법인들도 있다. 그러나 비가 올 때 빌려줬던 우산을 거둬들이는 것은 은행만 그러는 게 아니다. 경제위기가 오면 기업들은 사회공헌이나 사회적 책임 행위에 배분됐던 자원들을 줄이거나 없앤다. 기업의 규모가 클수록, 단기적 투자 이익을 추구하는 주주가 소유한 기업일수록 더욱 그렇다.

소셜 비즈니스는 이해관계자를 배려하는 기업 행위를 지속할 수 있는 경영구조를 만든다는 점, 사회의 소외층을 고객이나 수혜자로 포괄한다는 점에서 일반 비즈니스와 다르다. 나라마다 기관마다 소셜 비즈니스의 정의에는 차이가 있지만 대체로 세 가지 원칙을 두어 소셜 비즈니스에 일반 비즈니스와 다른 체제를 만들어낸다. 사업의 목적, 이익 분배의 원칙, 거버넌스(Governance).[9]

사업 목적이 사회적 미션 달성

우선 소셜 비즈니스는 영업행위의 목적 자체가 사회적인 미션 달성에 있다. 즉, 사회 문제를 해결하거나 사회구성원을 위한 가치를 창출하기 위해 사업을 한다.

물품 재사용이나 재활용 사업을 예로 들어보자. 헌 옷, 헌 책 등 안 쓰는 물건을 파는 사업은 그냥 비즈니스다. 그러나 빈민이나 풀뿌리단체를 돕고 사회에 재사용 · 재활용 문화를 퍼트리기 위해 물건을 파는 사업이라면 소셜 비즈니스라 할 수 있다. 한국의 아름다운가게, 미국의 굿윌, 영국의 옥스팜 같은 곳들이 그렇다.

이익을 미션 사업 혹은 이해관계자들을 위해 재투자하거나 분배

소셜 비즈니스는 이익 분배에 조건이 붙는다. 조건의 강도는 사회마다 다르지만, 소셜 비즈니스는 이익을 미션 사업 혹은 이해관계자들을 위해 재투자하거나 분배해야 한다.

이익 제한의 강도는 무하마드 유누스의 소셜 비즈니스가 가장 높다. 그가 'Ⅰ형'이라고 부르는 소셜 비즈니스는 '사회적 목표 달성을 위해 상품이나 서비스를 공급하는 기업'으로 소유자들은 어떤 이익이나 배당도 받지 않는다. 그라민다농, 그라민베올리아워터 등 그라민과 대기업들이 함께 투자한 기업들이 이런 유형이다. 유누스의 'Ⅱ형'은 가난한 사람들이 직접 소유하거나 가난한 사람들을 위해 설립된 단체가 소유하는 대신에 배당이 허용된다. 배당 자체가 빈곤 등 사회적 문제 해소에 도움이 되기 때문이다. Ⅱ형인 그라민은행은 가난하거나 영세한 사업을 하는 고객들이 95%의 지분을, 방글라데시 정부가 5%의 지분을 가지고 있다.

정부가 법으로 소셜 비즈니스 조직을 정의한 경우에는 투자자에 대한 이윤 배분이 대체로 30~35% 선까지 허용된다. 한국 정부가 인증한 사회적기업은 상법상 회사라 해도 투자자에게 이윤의 3분의 1 이상 분배할 수 없다. 이윤의 3분의 2는 사회적 목적을 위해 재투자해야 한다. 회사를 해산하거나 청산할 때는 잔여재산의 3분의 2 이상을 다른 사회적기업이나 공익 기금에 기부해야 한다.

영국 법은 대안적 회사 조직인 지역공동체이익회사(CIC, Community Interest Company)에 회사 이윤의 35%까지만 배당을 허용하도록 했다. 또한 모든 자산은 공동체의 이익을 위해서만 쓰도록

---

9) 거버넌스는 국내에서 통치구조, 지배구조, 협치, 의사결정구조 등 상황에 따라 다양하게 번역된다.

했다.

미국의 대안적 회사 조직들엔 명확히 숫자로 제시된 분배 제한이 없다. 미국 법은 저이윤 유한회사(L3C, Low-profit Limited Liability Company)에 대해 '기업의 중요한 목적은 소득의 산출 또는 재단의 가치 상승이 아니다'라고만 규정했다. '주주, 근로자, 고객, 공동체, 자연 등 이해관계자들의 복지를 고려하는 기업'에 미국 B-랩(Lab)이 부여하는 B-코프(Corp) 인증 역시 이윤 분배에 대해서는 별다른 규정이 없다.

이해관계자의 경영 참여

소셜 비즈니스의 특징 가운데 하나는 사업체가 속한 공동체나 사회의 이해관계자들이 사업을 위한 의사결정과정에 참여한다는 점이다. 예컨대 한국의 인증 사회적기업은 이사회 혹은 운영위원회에 출자자·직원·고객·지역사회 등 이해관계자가 참여해야 하며 의사결정은 총회나 이사회를 통해서 해야 한다. 이런 거버넌스(governance)에 대해 유럽 리서치 네트워크 EMES는 "사회적기업은 자본 소유에 기인하지 않은 의사결정구조를 가진다"고 정리했다.

사회적 측면	
지역사회 이익 추구	사회적기업의 주된 목적 중 하나는 지역사회 혹은 특정 집단에 봉사하는 것으로 사회적 책임감을 다한다.
	사회적기업은 기업의 이익을 얻기 위해 설립된 영리조직이 아니다. 기업활동을 통해 사회에 긍정적인 영향을 미칠 수 있어야 한다.
시민들의 자발적 참여	사회적기업은 자발적이고 역동적인 시민참여의 결과이다.
	사회적기업은 사회문제를 해결하고자 스스로 조직되고, 운영되는 주체적이고 자주적인 집단이다.
자본소유에 기인하지 않는 의사결정구조	자본의 소유구조에 의한 의사결정을 하지 않으며, '1인1표제' 등을 도입하고 있다.
	사회적기업은 '1주=1표'방식이 아닌 '1인=1표'방식으로 대주주가 경영을 좌우하는 법인회사와 구별된다.
다양한 이해관계자들의 의사결정 참여 보장	사회적기업은 고객과 투자자의 참여, 이해관계자 지향의 민주적 경영방식으로 지역 차원의 민주주의 확대를 추구한다.
	투자자, 경영자 이외 종업원, 지역주민, 소비자, 정부, 언론 등 다양한 이해관계자들이 사회적기업의 경영에 참여할 수 있다.
제한적 이윤분배	강제적으로 이윤 배분을 하지 않고 제한적으로 이윤을 분배하며, 이윤 극대화를 추구하지 않는다.
	기업활동을 통한 수익은 투자자들에게 일부 배당되기도 하나, 이는 제한적이며, 이익의 대부분을 사회에 환원하거나 재투자한다. (우리나라의 경우, 상법상 법인은 2/3이상을 재투자하도록 법률상 명시하고 있음)

〈참고 표〉 유럽 리서치 네트워크 EMES가 제시하는 세계 사회적기업의 공통 기준(자료:두드림 사회적기업, 한국사회적기업진흥원)

소셜 비즈니스들이 공통적으로 중요하게 여기는 세 가지 원칙은 어찌 보면 세계 시민들이 기업에 사회, 환경적 책임을 높여야 한다고 주장할 때 도입을 요구하는 원칙과 비슷하다. 사회책임기업들은 사회와 환경을 배려할 것을 경영 원칙의 하나로 삼고, 직원과 지역사회 등 이해관계자의 의견을 청취해 의사결정에 반영한다. 이들은 소셜 비즈니스처럼 남한테 이롭게 하는 것이 결국 자신을 이롭게 한다는 것을 안다.

　오래 된 이야기다. 천국과 지옥의 밥상은 같다. 진수성찬이 차려져 있고, 긴 젓가락이 놓여 있다. 그런데 천국에서는 다들 잘 먹고 잘 살고, 지옥에선 굶주린다. 밥상머리에 앉은 사람들의 식사법이 다르다. 지옥에 간 사람들은 긴 젓가락으로 자기 입에 음식을 넣으려 아귀다툼을 벌인다. 천국에 간 사람들은 서로의 입에 음식을 넣어준다. 이타(利他)를 통해 채워지는 이기(利己). 소셜 비즈니스가 만들어내고 있는 비즈니스의 룰은 천국의 식사법을 닮았다.

좋은 의도보다 더 좋은 것, '책임'
: 탐스슈즈, BOA 등 기업의 사회책임 이야기

맨 처음으로 간 학교에서 가슴 벅찬 경험을 했다. 우리는 학교 식당에 줄을 서 있었고, 아이들은 다들 우리 앞에 앉아 있었다. 알레호[10]가 아이들에게 에스파냐 어로 말하는 순간, 나는 내 꿈이 실현되었음을 깨달았다. 내 삶의 소명이 시작되려 하고 있었다. 나는 어린아이처럼 엉엉 울었고, 알레호를 껴안았다. 바쁜 일정을 쪼개서 이 일에 동참해준 친구들을 둘러보았다. 그 식당을 영원히 잊지 못하리라. 그리고 아이들의 웃는 얼굴은 앞으로 내 삶의 원동력이 될 것이다.

_마이코스키,《탐스스토리》중 저자의 2006년 10월 16일자 일기.

가난한 아이들에게 신발 1,000만 켤레를 선물한 청년

2006년 스물아홉 살의 한 청년이 아르헨티나로 휴가를 떠났다. 아르헨티나 국민춤 '탱고'를 배우고, 국민운동 '폴로'를 치고, 국민 술 '말벡'을 마시고, 국민신발 '알파르가타'를 신고, 그는 신나게 놀았다.

---

10) 탐스슈즈 창업멤버 중 한 명인 아르헨티나인

여행이 끝날 무렵, 그는 맨발로 다니는 아이들을 봤다. 아이들의 발에는 물집이 잡혀 상처가 나 있었다. 아이들에게 신발 나눠주기 봉사를 하는 한 미국인 여성은 "아르헨티나 같이 비교적 잘사는 나라에도 신발을 못 신는 아이가 많다"며 "이 때문에 각종 질병에도 노출된다"고 말했다. 여성이 일하는 단체는 기부에만 의존하다 보니 신발 수요에 공급을 맞출 수 없었고, 아이들한테 맞는 사이즈의 신발을 줄 수 없었다.

청년은 아이들을 위해 뭔가 하고 싶었다. 여러 생각이 오갔다. "나만의 기부 운동을 펼칠까? 하지만 내가 기부자를 계속 찾아내지 못하면 지속될 수 없겠지? 꾸준하고 믿을 만한 공급책이 필요해. 이 아이들에게 신발을 제공할 수 있는 영리 목적의 사업을 시작하면 어떨까? 기부가 아니라 사업에서 해결책을 찾는 것이지."

그는 새로운 종류의 알파르가타를 만드는 신발 사업을 구상했다. 부드러운 캔버스 천으로 만들어진 알파르가타를 좀 더 튼튼하고 편안하게 개조한 후 미국인의 취향에 맞는 여러 가지 디자인을 더하는 것이었다. 그리고 신발이 한 켤레씩 팔릴 때마다 신발이 없는 아이들에게 새 신발을 한 켤레씩 주기로 했다. 그는 자신에게 폴로를 가르쳐준 아르헨티나인 친구에게 이 일을 함께 하자고 제안했다.

신발사업에 문외한이었던 두 사람은 아르헨티아 여기저기를 수소문한 끝에 알파르가타를 개량해 미국인들이 좋아할 만한 견고함과 디자인으로 새로 만들어줄 제화공을 찾아냈다. 모두 합해 250켤레의 신발이 만들어졌다. 청년은 신발들을 메고 미국 로스앤젤레스로 돌아갔다. "이 물건을 어떻게 해야 사람들에게 돈을 받고 팔수 있을까" 고민하면서 그는 친구들에게 도움을 요청했다. 결과는? 그해 10월, 그는 아르헨티나의 아이들에게 1만 켤레의 신발을 기부할 수 있었다. 처음에는 겨우 친구 몇 명에게 팔렸던 신발이 지인들에 이어 매체의 입소문을 타더니 1만 켤레나 팔렸다.

미국 청년 블레이크 마이코스키는 '아이들에게 신발을 신겨 주자'는 단순한 미션으로 2006년 '내일의 신발(Tomorrow's Shoes)'라는 뜻의 신발 회사 탐스(TOMS)를 창업했다. 그로부터 7년 후인 2013년 7월, 탐스가 가난한 나라 어린이들에게 나눠준 신발은 1,000만 켤레를 넘어섰다. 하나가 팔리면 하나를 기부하는 기부 프로그램이니 전 세계에서 1,000만 켤레의 탐스슈즈가 팔렸다는 뜻이다. 탐스는 2012년 2억 5,000만 달러, 우리 돈 2,709억여 원의 매출을 올렸다.

'원 포 원(하나를 위한 하나, One for One)'라고 불리는 탐스슈즈 기부 프로그램은 유사한 사업의 유행을 낳았다. 국내 창업지망생들 중에서도 안경 혹은 콘택트렌즈를 하나 사면 저개발지역에 하나씩 보내준다거나, 시리얼을 한 봉지 사면 저소득지역의 아동센터에 시리얼을 한 봉지 보내준다거나 하는 아이템으로 사회적기업을 세우겠다는 사람들이 생겼다.

탐스는 지금도 '사업으로 좋은 일을 하겠다'는 열정을 지닌 사업가지망생에게는 열정과 낭만을 일으키는 비즈니스 모델이다. 그런데 이런 탐스가 사회문제를 일으킨다는 비판을 받고 있다면?

좋은 의도로는 충분하지 않다

'좋은 의도로는 충분하지 않다(http://goodintents.org/)'라는 기부 컨설팅 사이트 운영자 손드라 시멜페니크는 "기증된 물품은 그 지역에서 만들어진 제품보다 가격 경쟁력을 지니고 이로 인해 현지의 산업기반을 무너뜨린다"고 주장하며 탐스의 원 포 원(One for One) 마케팅을 비판한다. 나이지리아에서는 기증된 헌 옷 때문에 1992년부터 2006년 사이 54만 3,000개의 일자리가 사라졌다고 한다. 시멜페니크의 주장을 전하면서 한 경제일간지는 이렇게 썼다.

신발 기부는 대중적이다. 신발을 받은 아이는, 다른 상황에 변함이 없다면 다음에도 신발을 받아야 한다. (중략) 탐스슈즈는 사회적 기업이라기보다는 자선을 마케팅에 적절히 이용한 영리한 기업이라는 결론에 가까워지게 된다.
—<아시아경제> 2013년 8월 20일자 데스크칼럼, 백우진 국제부 선임기자

탐스슈즈가 사회적기업이냐 아니냐는 아주 중요한 논점은 아니다. 앞서 말했듯 사회적기업의 정의는 사회마다 조금씩 다르다. 마이코스키 또한 자신의 책 《탐스스토리》에서 자사를 '소셜벤처(Social Venture)'11)라고 표현했다. 미국에서 소셜벤처는 '사회적 사명에 초점을 맞추는 이윤추구 독립체'로, 비영리단체부터 영리기업까지 다양하게 쓰인다. 게다가 마이코스키는 사회적기업을 차리고 싶어서가 아니라 아이들에게 신발을 신겨주고 싶어서 창업한 것이

라 하지 않는가!

탐스슈즈에 대한 비판에서 놓치면 안 될 핵심은 이것이다. '어떤 사업이 사회 문제를 야기한다면 어떻게 할 것인가' 하는 것이고, 또 하나의 논점은 '좋은 의도'에 대한 것이다. 좋은 의도로 한 일이 의도한 것과 다른 결과를 가져올 때 사업가는 어떤 태도를 취해야 할까? 예를 들어 우리 사회에 1,000명의 고용을 창출하는 기업을 만들었는데 1만 명의 삶을 위협하는 환경 문제를 일으켰다면? 굶주리는 아이들을 먹이려고 밀가루를 대량으로 나눠줬는데 그 지역 밀 농민들이 망할 지경이 되어버렸다면?

이러한 질문은 소셜 비즈니스뿐만 아니라 일반기업의 영리사업, 정부의 공공사업에도 똑같이 제기될 수 있다. 의도가 좋으냐 나쁘냐와 관계없이 모든 사업—실은 인간이 하는 모든 일(業)—은 사회와 환경에 영향을 준다.

사회공헌보다 영향이 큰 가치사슬

비즈니스가 사회에 영향을 미치는 경로는 두 가지다.[12] 첫 번째 경로는 기업 운영 자체다. 사업은 그 자체로 사회에 직접적 영향을 준다. 두 번째 경로는 공급자, 유통업체, 비즈니스 파트너, 최종소비자에 이르는 전체 가치사슬을 통한 영향이다. 이건 간접적이지만

11) <탐스스토리> 한글 번역본에서 Social venture는 사회적기업으로 번역됐다.
12) 《세계 최고 기업들의 기업시민활동》

좀 더 범위가 넓고 영향이 크다.

《세계 최고 기업들의 기업시민활동》에서 브래들리 구긴스 보스턴칼리지 캐롤경영대학 교수와 저자들은 평균적으로 대기업 영업 매출 중 3분의 2가 공급업체에 원재료, 물품, 서비스 구매로 나간다고 분석한다. 기업이 생산하는 부의 상당 부분은 임직원 봉급, 정부에 내는 세금, 주주 배당금으로 나간다. 저자들은 "이러한 상황에서 기업의 자선 기부금이 사회에 끼치는 경제적 효과는 그다지 크지 않다"고 단언한다.

탐스슈즈 사례로 돌아가 얘기해보자. 연간 2,700억 원 매출 규모의 기업이 공급업체들에게 미치는 영향을 구긴스 교수의 가정에 따라 계산해보면 연간 1,798억여 원에 이른다. 저개발국에서 파는 신발 한 켤레가 5,000원이라고 치면—굳이 소비자가가 5만 원이 넘는 탐스슈즈를 고집하지 않는다면— 500억 원이면 1,000만 켤레를 아이들에게 나눠줄 수 있다.

단순히 숫자로만 비교해도 공급망을 바꿔 저개발국 생산자에게 괜찮은 일자리를 만들어 주는 것이 저개발국 아이들에게 신발을 직접 주는 것보다 더 큰 사회경제적 영향을 끼칠 것으로 기대된다. 즉, 기증보다는 공급망의 변경이 '더 좋은 일'이다. 더군다나 탐스는 기증품 즉 무료 신발을 풀어 저개발국의 신발산업 발전에 악영향을 끼친다는 비판을 받고 있는 터다. 그러면 탐스가 할 수 있는 선택은 뭘까?

일단, 탐스는 '피해를 최소화'하는 길을 선택했다. 판매용 신발은 기존의 중국 공장에서 생산하되, 기부용 신발은 신발을 많이 기증하는 지역에 공장을 세워 공급하기 시작한 것이다. 탐스가 신발을 가장 많이 기부하는 지역인 남미 아르헨티나와 아프리카 에티오피아에 기부용 신발공장이 설립됐다. 이를 통해 지역에 일자리를 창출했고 신발 이동 경로를 줄여 물류비를 낮췄다.[13] 배와 화물트럭의 이동경로가 줄었다면 아마 그로 인해 발생했을 온실가스도 줄었을 것이다. 또, 기증품이 정말 필요한 아이들한테 가도록 신발을 나눠줄 비영리단체의 선발 심사를 강화했다.

여기서 기존의 판매용 신발 공급망까지 바꿔 가난한 아이들의 부모한테 괜찮은 일자리까지 만들어냈다면, 그래서 아르헨티나와 에티오피아의 빈곤 퇴치에 이바지했다면, 마이코스키는 2020년 노벨평화상 수상자가 될지도 모르겠다. 마이코스키는 그 방법을 찾아낼까? 앞서 본 일기장에 썼듯, 그는 가난한 아이들에게 신발을 계속 줄 수 있는 것만으로도 충분히 행복해 보인다.

탐스는 이미 공유가치기업으로 명성이 높다. 탐스가 전파하는 메시지, '신발을 신지 못하는 저개발국 아이들에게 신발을 보내주자'는 메시지는 많은 소비자한테 공감을 일으켰다. 물론 대부분의 소비자는 기부 연계가 아니라 '힙(Hip)'한 디자인과 편한 착용감, 이걸 신으면 '생각 있는 사람'으로 비춰진다는 이미지 때문에 탐스슈즈를 구매했을 가능성이 적지 않다. 어쨌든 탐스슈즈는

---

13) "혹시 얄팍한 상술?… '착한 소비' 가면 착용 의심받다", 한국일보, 2012년 9월 15일

기부연계마케팅을 통해 소비자들이 함께 공유하는 가치를 창출 (CSV · Creating Shared Value)[14] 하는 데에 성공했다.

탐스슈즈가 사회적기업이든, 사회책임기업이든, 공유가치기업이든, 그냥 영리한 영리기업이든 마이코스키가 괜찮은 벤처기업가이며 많은 사람들에게 '다른 사람을 위해 시작한 사업이 꽤 멋지고 재미날 수 있다'는 인상을 심어준 건 분명하다.

그런 일을 한 기업가 한 명을 더 소개하겠다. 100년 전에 소셜벤처란 말이 있었다면 이 사람이야말로 원조 소셜벤처 기업가였을 것이다. 다음에 소개할 기업가는 고리대금으로 고통 받던 이민자들에게 '신용'이라는 선물을 줬다.

이민자들에게 돈 꿔줘 미국 최대 상업은행을 일군 이민자

1906년 4월 18일, 지진이 일어났다. 당시 지진으로 몇 명이 죽었는지는 지금까지도 분명히 밝혀지진 않았지만 적어도 사망자는 3,000명이 넘었던 것으로 전해진다. 미국 샌프란시스코 대지진이었다. 지진은 살아남은 사람들의 삶까지 흔들었다.

도시 여기저기서 가스관이 터지자 부둣가에 살던 무일푼의 주민들과 좋은 집에 살던 부유층 주민들이 한꺼번에 길거리로 쏟아져 나왔다. 피난 와중에 약탈이 이어졌다. 지진 발생 사흘 후, 땅의 흔들림은 멎었지만 많은 사람들의 생계는 계속 흔들리고 있었다. 도시 경제를 재건하려면 현금이 필요했다. 그러나 샌프란시스코의 은행가들은 적어도 가을까지는 은행 문을 열 수 없다며 돈을 풀지 않았다. 은행가들 자신도 아직 충격에 휩싸여 있기도 했지만 일단은 잿더미 속 철제 금고를 식히는 데만도 몇 주가 걸리는 상황이었다.[15)

그때 한 은행가가 내일 바로 은행 문을 열겠다고 나섰다. 4월 22일, 심지어 그날은 일요일이었다! 그는 예금주들한테 편지를 보내 지진이 났으니 은행도 휴일을 종료하겠다고 발표했다. 그러고는 지진 와중에 금고에서 미리 꺼내 숨겨놨던 은행 예금 8만 달러 중 1만 달러를 꺼내 사륜마차에 싣고는 그 위에 과일과 채소를 산처럼 쌓아 부둣가로 향했다. 약탈자들의 시선에서 벗어나려는 멋진 눈속임은 잘 통했다.

그와 은행 임원들은 커다란 나무통 두 개를 굴려와 나무통을 세운 후 그 위에 무거운 판자를 얹고 업무를 시작했다. 고객들에게 소액 대출을 제공했다. 또, 집안에 현금을 가지고 있는 사람들을 설득해 은행에 예금하도록 했다. 그 돈을 그들은 복구를 위한 목재 구입 등 복구 작업에 투입했다. 사람들은 은행의 도움으로 빠르게 일상으로 복귀했다. 돈은 잘 상환됐다. 그해 12월 다른 은행이 문을 열었을 때, 이 은행의 자산은 두 배로 늘어나 있었다.

---

14) CSV는 마이클 포터 하버드대 교수가 2011년 <하버드 비즈니스 리뷰>를 통해 처음으로 제시한 개념이다. 기업이 수행하는 일반적인 경영활동 자체가 해당 기업의 문제뿐 아니라 사회적 문제해결을 통해 전체적인 가치를 창출한다는 주장이다.

15) 이 글 중 지아니니의 생전 행적에 대한 부분은 ≪죽은 CEO의 살아있는 아이디어≫를 재구성했다.

남자의 이름은 아마데오 피터 지아니니, 21세기 들어 미국 최대 규모의 상업은행이 된 뱅크오브아메리카(이하 BOA, Bank of America Corporation)의 설립자다. 1930년 뱅크오브아메리카로 이름을 바꾸기 전 그가 세운 은행의 이름은 뱅크오브이탈리아(Bank of Italia). 이름 그대로 그 자신과 같이 이탈리아 출신인 미국 주민들을 위해 세운 은행이었다.

지금이야 은행에 예금하고 대출을 받는 게 모든 시민의 당연한 권리로 여겨지지만 110년 전만 해도 그건 당연한 일이 아니었다. 20세기 초 미국의 은행들은 마치 일종의 비밀 클럽처럼 부유한 계층을 위해 운영됐다. 부둣가의 장사치들은 은행의 문턱조차 넘을 수 없었다. 대출은커녕 예금을 할 수도 없었다.

당시에도 서민들에게 돈을 빌려주는 사람들이 있긴 했다. 고리대금업자였다. 월 대출이자는 20%에 달했지만, 돈이 없는 사람들은 그 돈을 빌려 쓸 수밖에 없었다. 더군다나 새로 이민 와 생활기반은커녕 종잣돈 없는 이민자들에겐 선택의 여지가 없었다. 이들은 요새 언론이나 금융전문가들이 쓰는 말로 금융소외층이었다.

지아니니는 그런 금융소외층 서민들을 위한 금융 서비스를 만들어냈다. 은행에 돈을 맡길 수 없는 사람들에게는 3%의 예금금리를 줘서 돈을 받아오고, 돈이 필요한 사람들에게는 6%의 대출금리로 돈을 꿔줬다. 또 예금전표와 이자율에 대해 알려줬다. 배관공과 트럭운전사, 토마토 출하업자 등등 자영업자와 서민들이었다. 이들이 낮 시간 내내 일할 수밖에 없다는 점을 감안해 저녁에도 은행 문을 열었다. 당시에도 다른 은행들은 오전 9시부터 오후 5시까지만 영업하던 시절이었다.

다른 은행가들은 비웃었지만 설립 1년도 되지 않아 뱅크오브이탈리아의 자산은 100만 달러를 넘어섰다. 빠른 성장세였다. 그러나 지아니니는 은행을 자신만의 것으로 만들지 않았다. 자신을 포함해 어느 누구도 은행 전체 발행주식 3,000주 중 100주 이상 소유하지 못하게 제한했다. 지분 소유의 편중을 막아 소액주주들의 참여를 늘렸다. 지분 분산을 통해 기업의 사명을 지키는 '지배구조(Governance)'를 만들어둔 것이다.

이건 현명한 선택이었다. 1931년, 월스트리트의 금융업자 출신으로 이 은행의 지주회사를 이끌던 엘리샤 워커가 대공황 때문에 은행 가치가 떨어졌다며 은행을 헐값에 매각하려 했다. 병상에 누워 있던 지아니니는 분노에 차 벌떡 일어났다. 그는 샌프란시스코부터 캘리포니아 일대를 돌며 20만여 명의 은행 주주를 설득했다. 워커와 지아니니의 결투는 주주총회장에서 벌어졌다. 결론은 지아니니의 승리. 그는 지분 60%의 지지를 받는 데에 성공했다. 지아니니는 다시 은행 로비 중앙에 의자를 놓고 일을 시작했고, 직원들은 수천여 명의 동료를 해고하는 대신 급여 삭감을 받아들였다.

만약 이때 BOA가 매각됐다면 지금 미국 금융계는 어찌 되었을까? 여하간 일부 투자은행들의 탐욕으로 2008년 금융위기가 미국 전역을 강타했을 때에도 BOA는 건재하게 살아남았다. 그해 9월에는 대형투자회사인 메릴린치까지 인수해 미국 2위 규모의 금융사로 올라섰다(1위는 시티그룹). 비록 높은 모기지대출 비중 때문에 2013년까지도 각종 소송과 모기지 부실화의 진통을 겪고 있긴 하지만, BOA는 지금도 미국 곳곳에 지점을 둔 대표적 상업은행의 역할을 하고 있다.

지아니니가 남긴 창업 이념은 아직도 BOA의 주요 사업으로 남아 있다. 이 은행은 2004년부터 2013년까지 10년 동안 7,500억 달러, 우리 돈으로 806조 원에 이르는 돈을 저소득층 대출, 소기업 투자 등 지역개발금융에 배정했다. 그 전에도 이 은행은 지역개발금융에 돈을 배정하곤 했다. 1999년부터 2003년까지 배정액이 2,300억 달러, 우리 돈 247조 원이었으니 모두 합해 1,053조 원에 달하는 거액을 지역사회에 투자한 셈이다

지아니니의 창업 정신은 다른 후배 은행가들의 삶에도 영향을 줬다. 1992년 로스앤젤레스 폭동이 일어났을 때 혼란에 빠진 한인 고객들에게 무담보로 10만 달러씩 대출해줬던 은행이 있었다. 미국계 최초의 한인은행인 한미은행이었다. 당시 은행장이던 벤자민 홍은 지아니니의 전기 중 지진에 관한 대목을 읽고는 이러한 결단을 내렸다고 한다.[16]

다시 손드라의 문제 제기, '좋은 의도로는 충분하지 않다'로 돌아가 보자. BOA 정도라면 창업가의 좋은 의도가 충분히 살아 있다고 볼 수 있지 않을까? 창업 100년 후에도 서민들을 위한 금융 서비스를 유지하고 있으니까.

아마 부실 모기지 상품의 피해자들은 그 말에 쉽게 동의하지 않

을 듯하다. 2013년 11월, BOA는 연방법원으로부터 법이 허용하는 최고 액수인 8억 6,400만 달러, 우리 돈으로 9,180억여 원의 벌금을 부과 받았다. <월스트리트저널>은 이 은행이 위험을 알리지 않고 부실 모기지 상품을 판매해 금융위기를 초래한 혐의가 인정됐다고 보도했다.[17] 이 은행은 금융위기 발생 이전인 2007년 8월부터 2008년 4월까지 국책 모기지업체 패니매이와 프레디맥에게 부실 모기지 상품을 판매한 것으로 알려졌다.

창업자의 좋은 의도도, 기업의 사회적 책임도
지속되기 어려운 이유

창업자가 좋은 의도로 세운 기업이라 해도, 창업자 사후에도 창업 정신을 지키려 노력한다 해도, 기업이 커지고 사업 범위가 넓어져 직원·고객 등 이해관계자가 많아지면 상황은 의도대로 통제되지 않는다. 직원이 사기를 칠 수도 있고, 고객이 사고를 당할 수도 있다. 의도가 있었건 있지 않았건, 기업 행위에는 책임이 따른다. 시장과 사회에 끼치는 영향력이 큰 기업일수록 책임은 더 커진다.

한자로 책임은 꾸짖을 책(責)과 맡을 임(任)을 합한 말이다. 책(責)이라는 한자는 빚을 뜻하는 '채'로도 읽힌다. 그러니 책임감이란 말

16) 《죽은 CEO의 살아있는 아이디어》에 소개된 사례.
17) 'BOA, 부실 모기지 판매 혐의 9,180억 원 벌금 물어야' <파이낸셜뉴스> 2013년 11월 10일, <월스트리트저널> 인용 보도

은 일을 다 하도록 빚쟁이처럼 꾸짖음을 당하는 느낌을 받을 때 쓰이는 말인 셈이다. 하지만 빚도 능력이 있어야 갚지 않겠는가. 영어의 '책임(Responsibility)'은 반응(response)하는 능력(ability)을 뜻한다. 다시 말해 반응할 수 있는 능력이 책임이다.

사람의 일도 그렇지만 기업 역시 모든 변수를 통제해 아무 문제도 일으키지 않는다는 것은 불가능하다. 이해관계자들도 그건 안다. 그래서 지속가능보고서의 국제 가이드라인인 GRI(Global Reporting Initiatives)는 이해관계자와의 소통, 투명한 보고 등 일어난 일에 대한 성실한 반응을 중요하게 여긴다. 다시 말해 '책임'을 다하려는 기업 혹은 기업가에게 가장 크게 요구되는 것은 반응하는 능력이다.

기업이 자사가 끼친 영향에 대해 반응을 할 땐 어떤 기준이 필요할까. 《세계 최고 기업들의 기업시민활동》에서 브래들리 구긴스 보스턴칼리지 캐롤경영대학 교수와 저자들은 두 가지 기준을 제시한다.

◇ **피해를 주지 말라**(Do no harm)

이것은 기업이 사회에서 활동할 때 끼칠 수 있는 부정적 영향을 최소화하는 것을 말한다.

◇ **좋은 일을 하라**(Do good)

이것은 경제적 부와 빈곤 감소, 보건과 복지 개선, 인력 계발, 자연

환경 보호 등 사회적 공익 사이에서 공유되는 가치를 창조하는 것을 말한다.

만약 자신의 사업이 사회와 환경에 부정적인 영향을 끼치고 있다면 그것을 최소화하는 것이 책임이다. 한편 자신의 사업이 사회와 환경에 긍정적인 영향을 주어 더 많은 사람들이 필요로 하는 존재가 되고 있다면 그 사업을 확장하는 것 또한 책임이다.

기업으로서의 사회적 책임은 기업을 설립하는 동기나 사회적기업인지 아닌지의 여부보다 더 중요하다. 사회적기업이라 해도 기업행위로 인해 일어난 일에 책임지지 않는다면 그 기업은 비판 받을 것이다. 영리기업이라 해도 자사가 속한 지역사회나 공동체에 대한 책임감이 높고 이해관계자를 배려한다면 존경 받을 것이다.

책임감은 책임을 지는 주체의 정체가 분명해야 생긴다. 뒤집어 말하자면, 기업의 책임감을 높이기 위해서는 '내가 이 기업의 주인'이라는 정체성이 분명한 주체로 서 있어야 한다. 그래서 '기업이 일으킨 일은 주인이 책임져야 한다'는 사회 규범에 반응할 수 있어야 한다. 지아니니가 뱅크오브아메리카의 지분을 샌프란시스코와 캘리포니아 일대 지역민 등 소액주주들에게 분산시켰던 것은 이해당사자들이야말로 기업 정신을 지켜낼 진정한 주인이라는 걸 아는 창업가의 혜안 아니었을까.

모두를 만족시키도록 케이크를 자르는 법
: 해피브릿지 등 협동조합 이야기

오늘날의 거대 기업들이 영원할 것처럼 보일지 모른다. 하지만 경제학자 조지프 슘페터가 지적했듯이 자본주의에는 언제나 창조적 파괴가 계속되기 마련이다. 산업화 국가에서는 매년 약 15%의 일자리가 사라지고 새로운 일자리가 그 빈자리를 채운다. 회사도 마찬가지다. 이렇게 보면 7년마다 완전히 새로운 경제가 등장할 수 있다는 가설도 가능하다. (중략) 그리 머지않은 미래에 현재의 주요기업에 운영 시스템을 다시 만들려 애쓰는 것보다 다음 경제를 올바른 소유구조 위에 건설하는 게 훨씬 중요한 때가 올지 모른다.

_마조리 켈리, 《그들은 왜 회사의 주인이 되었나》

세계적 석학을 감탄시킨 한국 회사

2013년 11월 29일, 이탈리아 볼로냐대의 경제학 교수 부부가 사회적경제언론인포럼에 참석해 기자들의 질의를 받고 있었다. 협동조합 분야의 석학으로 꼽히는 스테파노 자마니 · 베라 자마니 교수 부부였다.

한 기자가 이익을 내는 주식회사가 협동조합으로 전환할 때 생기는 법적인 문제를 물었다. 차분하던 포럼 자리가 갑자기 시끌시끌해졌다. 교수 부부는 그게 어떤 회사냐며 질문을 쏟아냈고, 기자들은 거꾸로 부부의 질문에 답을 해야 했다. 통역자의 설명을 들은 부부는 거의 동시에 말했다.

"그건 기적 같은 일이군요. 그렇게 잘되는 주식회사가 협동조합으로 전환하다니! 이탈리아에서도 주식회사에서 협동조합으로 바뀌는 일은 있었지만 다들 망해가는 기업, 혹은 망한 기업이었어요."

이탈리아는 1854년 토리노 노동자들이 소비자협동조합을 만든 이래 160년 동안 협동조합이 발전하고 있는 나라다. 볼로냐는 세계적으로 협동조합 도시로 유명한 에밀리아 로마냐 주의 주도다. 협동조합의 본고장에서 온 석학 부부조차 놀라게 만든 회사, 해피브릿지 노동자협동조합의 이야기 속으로 들어가 보자.

2013년 2월 21일 오후 3시. "이견 없으시면 해피브릿지 협동조합의 정관을 통과시키도록 하겠습니다. 이제 우리 협동조합에 헌법이 생긴 겁니다."

정관이 통과되자 총회장에서 "와" 하는 함성과 함께 박수가 터져 나왔다. 연 매출 312억 원, 순이익 12억 원, 쌓여 있는 이익잉여금만 30억 원 규모의 중소기업 주인이 주주에서 직원으로 바뀌는 순간이었다.

이어진 규약 승인 과정에서 조항 중 하나에 대해 격론이 오갔다.

두 가지 의견이 팽팽하게 맞붙었다. 그 자리에서 바로 표결이 붙었다. 한 제안엔 27명이, 다른 제안엔 25명이 찬성을 표했다. 겨우 2명 차이였다. 그래도 규약이 통과되자 양측이 다 같이 환호했다. 나와는 의견이 달라도 다수결로 모인 의견에 따르겠다는 반대파들의 박수였다. 총회장은 앞서 가는 민주 사회의 축소판 같았다.

연 매출 312억 원, 순이익 12억 원, 쌓아놓은 이익잉여금만 30억 원(2012년 기준)인 알짜 기업이 협동조합으로 변신했다. 국내 최초의 사건이었다. 외환위기 이후 경영난으로 문 닫을 지경에 처한 기업을 직원들이 인수한 일은 있었지만 흑자 상태의 기업이 직원 소유로 바뀐 일은 전무후무했다.

해외에서도 이런 사례는 드물다. 소비자협동조합 미그로(MIGROS) 정도다. 스위스 사람 700만 명 중 200만 명이 가입한, 스위스 최대 소매기업이다. 미그로를 창립한 사업가 고트리프 두트바일러는 '스위스 사람들에게 기부하자'는 취지로 1941년 자신이 창업한 사기업을 협동조합으로 전환했다.[18]

협동조합으로 전환하기 직전, 해피브릿지의 주식 가치는 주당 10만 원이었다. 창업 때 액면가가 5,000원이었으니, 주주들은 가치를 20배로 키운 자산을 직원들에게 선물한 셈이다. 이날 15명의 주주들은 주인의 자리에서 내려와 67명의 조합원 중 한 명이 됐다.

국내 기업사에 새로운 이정표를 찍은 이 업체는 프랜차이즈 업체인 해피브릿지다. 국수나무 300곳, 화평동왕냉면 70곳, 미야오 5

곳 등 375곳의 음식체인점을 운영한다(2013년 2월 기준). 협동조합으로 전환한 해피브릿지 매출에 식품유통 등 연관 사업을 영위하는 ㈜해피브릿지씨앤씨, ㈜화평동, ㈜MCFC 등 3개 계열사 것까지 합하면 이 기업집단의 전체 매출은 330억 원에 이른다.

송인창 협동조합 이사장, 이구승 사업대표, 문성환 이사와 한성림 전 감사, 계열사인 화평동의 박강태 대표와 해피브릿지씨앤씨의 정민섭 대표 등 6명의 창업주들은 해피브릿지를 이만한 기업으로 성장시킬 때까지 서울과 대전에서 식품 유통 분야의 사업 기반을 16년 동안 일궜다. 외식 브랜드의 프랜차이즈 회사를 세워 키운 기간만 8년이었다.

그 세월 동안 신산한 창업의 고통이 왜 없었겠는가. 그 세월을 보상 받고 싶은 마음이 왜 없었겠는가. 이들은 주식회사 시절 주식의 68%를 보유하고 있던 사실상의 오너였다. 그런데도 창업주들은 자신의 지배권을 포기하고 협동조합 전환을 선택했다. 대체 왜 이들은 자기 소유의 회사를 협동조합으로 전환시켰을까? 그것은 기업 미션 달성을 위해 소유자 스스로 일으킨 소유 혁명이었다.

액면가 20배로 키운 주식회사를 직원들과 공유한 이유

발단은 1997년 어느 봄밤이었다. 서울에서 양곡 유통사업을 하

18) '협동조합 선진4개국을 찾았다', 시사인, 2011년 7월 12일

던 3명의 동업자와 대전에서 식자재 유통사업을 하던 3명의 동업자가 만나 술잔을 부딪쳤다.

"우리 이왕 사업하는 거, 다르게 벌어서 다르게 살아보자!"

이날의 도원결의로부터 8년 후, 이들은 외식 프랜차이즈 회사를 함께 세우고 '직원과 사람이 중심이 되는 기업'을 미션으로 내걸었다. 공동의 미션을 이루고자 이들은 회사 설립초기엔 직원들을 주주로 참여시켰다. 그런데 회사 규모가 커지고 직원이 늘면서 차츰 주식을 가진 직원의 비율이 줄어들었다. 주식회사라는 형태에서는 직원이 기업의 중심이 되기 어려웠다. 창업 멤버들은 직원과 사람이 중심이 되는 기업의 형태를 고민했다. 이들은 사회적기업 등 여러 가지 대안기업의 형태를 공부하고 토론하며 국내외 여러 종사자와 활동가들을 만났다.

그러던 2011년, 이들은 견학하러 이탈리아 볼로냐에 가서 결론을 얻어온다. 그게 협동조합이었다. 창업 멤버 중 한 명인 송인창 해피브릿지 협동조합 이사장은 이렇게 말했다.

"주식회사의 목표는 자본 이익의 실현입니다. 돈을 많이 버는 게 중요합니다. 협동조합의 목표는 조합원의 삶의 질을 높이는 거예요. 이탈리아 볼로냐의 협동조합을 견학하고 나서 '바로, 이거다' 했지요."

볼로냐에 다녀온 창업 멤버들은 직원과 사람을 기업의 중심에 세우기 위해서는 주식회사보다는 협동조합이라는 법인형태가 적합하다고 판단했다. 그들은 볼로냐에 다녀오지 않은 창업 멤버들과 주주들을 설득하기 시작했다. 2년여의 토론과 연구 끝에 해피브릿지 주주들은 협동조합 전환에 뜻을 모았다.

해피브릿지 주주들의 마음을 움직인 '볼로냐'는 어떤 곳인가. 이곳은 이탈리아 에밀리아로마냐 주도(州都)이자 협동조합 도시다. 이 지역에선 400여 개의 협동조합이 활동한다. 건설, 노동, 서비스 등 전 분야에 걸쳐 있는 볼로냐의 협동조합이 이 지역 경제에서 차지하는 비중은 약 45%에 달한다. 흥미로운 점은 이 지역의 실업률이 2012년 기준 6.4%로, 이탈리아 전체(10.6%)보다 훨씬 낮다는 것이다.[19]

볼로냐의 협동조합들은 '협동'을 잘 하기로 유명하다. 이곳의 협동조합은 한 조합의 조합원끼리는 물론이고 다른 협동조합과도 잘 협력한다. 협동조합개발기금이 한 예다. 이탈리아 내 1,500개 남짓한 협동조합이 가입한 협동조합 연합체인 레가코프의 협동조합들은 수익의 3%를 협동조합개발기금(코프펀드)으로 낸다. 이 돈은 새로운 협동조합을 결성하거나 작은 협동조합의 성장을 돕는 데에 쓰인다. 지역의 한 건설기업이 부도를 내자 직원이 협동조합을 조직한 뒤 레가코프의 지원을 받아 협동조합기업으로 재탄생한 적도 있었다.[20]

협동조합 간 협동의 또 하나의 사례는 '카라박(KARABAK)' 프로젝트다. 라치코냐 등 11개 어린이집을 운영하는 이 프로젝트는 협

---

19) '인구 3만 시골마을, 망한 기업도 살린 협동조합 천국', <머니투데이> 2013년 1월 3일자
20) '인구 3만 시골마을, 망한 기업도 살린 협동조합 천국', <머니투데이> 2013년 1월 3일자

동조합들과 공공기관이 협력해서 지역에 필요한 일자리와 공공서비스를 제공한다. 운영주체는 돌봄서비스 노동자협동조합인 '카디아이', 급식노동자협동조합 '캄스트', 건축노동자협동조합 '치페아' 등 3곳의 컨소시엄이다. 어린이집을 짓는 비용은 이들이 공동으로 부담하고 부지와 운영비는 지방정부가 댄다. 여기서 새로운 사업과 일자리를 만들어낸 건 경쟁이 아니라 협동이다.

자기 삶의 필요를 채우기 위해 여럿이 힘을 합친다

협동조합은 혼자서는 이루기 어려운 일을 해내기 위해 여럿이 힘을 합한 데에서 유래했다. 기록상 최초의 협동조합으로 알려진 공동제분소와 빵집은 1760년 밀가루 가격을 맘대로 올리는 지역 상인들의 횡포에 맞서려고 해군 병무청 일꾼들이 만들었다.[21]

근대적 협동조합의 효시인 로치데일 공정 선구자 조합(Rochdale equatable pioneer society)은 1844년 임금 인상에 실패한 직조공들이 만들었다. 품질과 양을 속이는 상인들과 외상거래 관행을 없애 양질의 생필품을 제값에 얻고 가계 재무 상태도 개선시키려는 게 목적이었다.

다시 말해 서민들이 시장 착취를 피해 삶의 필요를 채우기 위해 힘을 모아 만든 회사가 협동조합이다. 그러한 정신은 국제조직과 국내 법의 정의에도 들어 있다.

◇ **국제협동조합연맹(ICA)의 정의**

공동으로 소유하고 민주적으로 운영하는 사업체를 통하여 공통의 경제적, 사회적, 문화적 필요와 욕구를 충족시키고자 하는 사람들이 자발적으로 결성한 자율적인 조직.

◇ **협동조합기본법의 정의**

재화 또는 용역의 구매, 생산, 판매, 제공 등을 협동으로 영위함으로써 조합원의 권익을 향상하고 지역사회에 공헌하고자 하는 사업조직.

협동조합 정신이 좀 더 자세하게 표현되어 있는 곳은 국제협동조합연맹의 협동조합 7대 원칙이다.

◇ **국제협동조합연맹의 협동조합 7대 원칙**(자료 : 국제협동조합연맹 1995년, 〈협동조합, 참 좋다〉에서 재인용)

• 자발적이고 개방적 가입 : 협동조합은 자발적인 조직이자 기업으로서 조합의 서비스를 이용할 수 있고 조합원의 책임을 다할 의지가 있는 모든 사람에게 성 · 사회 · 인종 · 정치 및 종교의 차별 없이 열려 있다.

• 조합원에 의한 민주적 통제 : 주주의 투표권이 보유 지분에 따라

---

21) '협동조합 운동의 역사', 아이쿱생협 블로그 http://blog.naver.com/icoopkorea 김형미 (재)아이쿱협동조합연구소 상임이사, 2013년 9월

정해지는 자본주의 회사와 달리, 협동조합 운동은 어떤 단계에서
도 '1인1표'를 규칙으로 채택한다.

• 조합원의 경제적 참여 : 조합원은 똑같은 규모는 아니라도 공평
하게 협동조합의 자본에 참여하며 그 자본을 민주적으로 통제한다.

• 자율과 독립 : 협동조합은 조합원에 의해 통제되는 자율적이고
자조(self-help)적인 조직이다.

• 교육, 훈련 및 홍보 : 협동조합은 조합원, 선출된 대표자, 경영관
리자, 조합 직원에 대해 교육과 훈련을 제공한다.

• 협동조합 간 협동 : 협동조합 활동은 자기 조직 내부로 국한하지
않는다. 협동조합은 지방, 국가 및 지역, 세계 차원에서 서로 협력
함으로써 조합원에게 가장 효과적으로 봉사하고 협동조합 운동의
힘을 강화한다.

• 지역사회 기여 : 조합원의 동의를 얻어 조합이 속한 지역사회의
지속가능한 발전을 위해 노력한다.

협동조합은 '민주, 자발, 자율, 지역사회에 공헌' 같은 규범을 정
체성과 원칙으로 삼고 있는 조직이다. 즉 협동조합은 사람을 중심
에 두고 운영된다. 산업화 이후 지구 경제를 주도한 주식회사라는
법인격이 수익 극대화, 즉 돈을 중심으로 돌아가는 것과 대비된다.

이 때문에 협동조합은 주식회사 중심의 자본시장이 일으키는 병
폐에 대한 대안으로 꼽힌다. 반기문 유엔 사무총장은 유엔이 정한
2012년 협동조합의 해 선포식에서 "협동조합은 매우 가치 있는 기

업모델로 빈곤을 낮추고 일자리를 창출한다"고 말했다. '협동조합 도시 서울'을 선포한 서울시는 홍보자료에서 "2008년 글로벌 금융위기 시 협동조합이 발달된 나라에서는 구조조정 없이 위기를 안정적으로 극복했다"고 썼다.

스페인 바스크 지방의 몬드라곤협동조합그룹(Mondragon Cooperative Corporation · MCC)은 2008년 금융위기 때 일자리를 늘렸다. 세계금융위기 여파로 수익이 10분의 1로 줄어들었지만 이 회사는 직원을 해고하지 않았다. 오히려 1만 4,938명을 신규 고용했다.[22] 인구 210만 명의 작은 지역에서 8만 3,000여 명의 고용을 유지했다. 비록 8,000명이 일시적으로 휴직하긴 했지만, 휴직자들은 그룹 내 공제협동조합인 라군아로(lagun-Aro)를 통해 평상시 급여의 80%를 받았다. 이들은 재교육을 거쳐 몬드라곤 그룹 내 다른 협동조합기업에서 다시 자리 잡을 수 있었다.[23]

몬드라곤은 111개 협동조합, 120개 자회사 등 총 255개 사업체를 보유한 기업집단이자 연 매출 150억 유로(21조 2,500억 원) 규모로 스페인에서 9번째로 큰 대기업이다. 직원 수는 8만 5,000명으로 스페인 3위 규모다. 세계금융위기 당시 스페인 기업 중 26%가 도산했다고 할 정도로 경제난이 심각했는데도 이러한 대기업이 고용조정을 하지 않은 이유는 설립 목표 자체가 '고용 확대'였기 때문이다.

---

22) '불황속 해고 '0' 꿈의 기업 키워낸 힘은…', 〈머니투데이〉 2013년 1월 24일
23) 김현대, 하성란, 차형석, 《협동조합 참 좋다》

몬드라곤의 설립자인 돈 호세 마리아 아리스멘디아리에타(Don Jose Maria Arizmendiarrieta) 신부는 히틀러군 공습으로 폐허가 된 바스크 지역에서 지역민 스스로 일자리를 만들자며 자신이 세운 기술학교 졸업생 5명과 함께 석유난로 공장 '울고(ULGOR)'를 설립했는데, 이것이 몬드라곤의 시초가 됐다. 몬드라곤은 '고용 확대'라는 공동의 목적을 이루기 위해 설립된 조직이기에 위기가 닥쳤을 때에도 수익보다는 고용을 지키는 것을 선택했던 것이다.

위기 때 사람 중심의 선택을 내린 사례가 또 하나 있다. 협동조합 금융이다. 세계금융위기 때 이들 역시 강한 생존력을 보였다. 당시 위기의 발원지인 미국의 금융회사들은 큰 타격을 받았다. 손실 위험이 큰—그렇기에 기대수익이 높은—부동산 관련 자산에 투자하거나 부실한 부동산 자산을 금융상품으로 묶어 만든 변종의 모기지유동화증권에 손을 댄 탓이었다. 이때 대형 투자은행(IB) 리먼 브라더스는 파산했고, 대형 보험사 AIG는 미국 정부로부터 대규모 구제금융을 받아야 했다.

그러나 미국의 소비자 소유 신용협동조합 8,000여 곳 중 절대 다수는 한 푼의 구제금융도 받지 않았다. 고객 대출을 회수하지도 않았다. 경제위기 전부터 조합원 대출에 주력했던 협동조합은행들은 변종 모기지유동화증권에 투자하지 않아 손실을 피할 수 있었던 것이다. 반면, 대형 금융사처럼 모기지증권에 투자했던 몇몇 대형 신용협동조합들은 피해를 봤다.[24]

협동조합들이 경제위기 때 강한 면모를 보인 가장 큰 비결은 내부 유보금에 있었다. 협동조합들은 이익 전부를 배당하지 않고 10~30% 가량 내부에 적립해둔다. 예를 들어 네덜란드 전체 예금의 43%를 보유한 것으로 알려진 라보은행(Labobank)은 113년 동안 쌓은 잉여금이 281억 유로, 우리 돈 40조 5,400억여 원에 달하는 것으로 알려졌다. 덕분에 라보은행은 세계에서 세 번째로 안전한 은행으로 평가 받는다.[25] 이런 원칙이 있기에 사업을 잘하는 협동조합들은 잉여금을 쌓아 연구개발(R&D) 등 미래에 재투자하거나 금융위기 같은 위험 발생시 대처하기에 용이하다.

이에 반해 기업을 공개해 익명의 주주들이 지분을 소유하게 된 주식회사들은 잉여금을 회사 안에 충분히 적립해두기가 쉽지 않다. 주주들이 배당을 늘리거나 단기적 이익을 끌어올려 주가를 높이라고 압력을 가하기 때문이다. 심지어 투기자본이 대주주가 되면 회사의 알짜 자산을 매각해 이익을 억지로 늘린 후 배당을 받아가기도 한다. 극동건설을 인수하고 론스타가 취했던 게 그런 방식으로 회사 자산을 팔아 돈을 뽑아간 사례다.

모두를 만족시키며 케이크를 자르는 법

다시 해피브릿지 사례로 돌아가 보자. 창업 멤버들은 협동조합으로 전환하기 전, 그러니까 주식회사 시절부터 공동의 목적을 이

---

24) 마조리 켈리, 《그들은 왜 회사의 주인이 되었나》
25) '글로벌 금융위기 이후 유엔의 관심 받은 협동조합', <연합뉴스> 2012년 11월

루기 위해 이미 협동하고 있었다. 사업을 시작할 당시, 몇몇 멤버는 대학 재학 중 징역살이를 했거나 대학을 마치지 못하는 바람에 — 1980년대에 사회의식 있는 청년들이 흔히 그랬듯 — 국내에서 번 듯한 일자리를 얻기 어려운 상황이었다. 일자리가 필요했던 멤버 들은 제각기 창업을 했다가 뜻이 맞는 창업자들이 모여 사업체를 키우면서 규모를 갖추게 됐다.

공동 창업 후 이들은 돌아가면서 대표이사 혹은 임원진을 맡았 다. 사업에 대한 중요한 사안은 함께 결정했다. 일종의 집단경영 혹 은 협동경영 체제였다. 협동조합 전환 전부터 창업 멤버들은 협동 조합이 가장 중시하는 협동의 원칙을 실행하고 있었던 셈이다. 아 마 협동의 가치를 주식회사 시절부터 중시하고 있었기에 이들은 액면가 20배 가치의 주식회사를 직원들과 공유하는, 다른 창업가들 이라면 꿈도 꾸지 않을 '소유 혁명'을 단행할 수 있었는지 모른다.

경영에 있어 협동조합과 주식회사가 가장 큰 차이를 일으키는 건 소유구조다. 주식회사는 주주가 주인이다. 또 주식을 많이 가진 주주가 주인이 된다. 1주1표제를 원칙으로 하기 때문이다. 협동조 합은 조합원이 주인이다. 출자금액과 관계없이 조합원 모두가 주 인이 된다. 1인1표제가 원칙이다.

회사의 통치권은 소유하는 자에게 간다. 영어로 '통치권'을 뜻 하는 도미니언(Dominion)은 '소유권'을 뜻하는 라틴어 도미니움 (Dominium)에서 유래했다. 도미니움은 '주인'을 뜻하는 도미누스 Dominus에서 나왔다. 소유구조는 곧 통치구조(Governance), 즉 의사결정구조를 결정한다.

의사결정구조는 회사의 미래를 좌우한다. 회사 경영에 중요한 의사결정을 내리는 이사회는 주식회사에서는 주주들이, 협동조합에서는 조합원들이 구성한다. 주식회사는 출자를 많이 한 자가, 협동조합은 출자를 한 자들이 다 함께 통치한다.

통치구조의 차이는 잉여 배분의 규칙을 바꾼다. 그것은 케이크를 공평하게 나누는 원리와 같다. 두 사람이 가위바위보를 해서 이긴 사람이 케이크를 잘라 한 쪽씩 나눠먹기로 했다고 치자. 두 사람 모두 만족하게 케이크를 자르려면 어떻게 해야 할까? 칼을 쥔 자가 자르고, 칼을 쥐지 않은 자가 선택하게 하면 된다. 그러면 칼을 쥔 자는 자기가 작은 걸 먹지 않으려고 케이크를 똑같은 크기로 자를 것이다.

주식회사에서 칼(이사회)을 쥔 자는 주주다. 이들은 자신이 가져갈 케이크, 즉 잉여를 스스로 배분한다. 칼을 쥐지 않은 자(직원·고객)한테 줄 케이크를 크게 자를 필요가 없다. 협동조합에서 칼을 쥔 자는 조합원이다. 노동자협동조합에선 노동자가, 소비자협동조합에선 소비자가 칼을 쥔다. 그래서 협동조합은 '모두를 만족시키며 케이크를 자르는 법'이라는 말로 설명되기도 한다.

<비즈니스윤리> 창간자 마조리 켈리는 자신의 저서 《그들은 왜 회사의 주인이 되었나》에서 이런 구조를 '생성적(Generative) 소유구조'라고 이름 붙였다. '금전적 이익을 최대화하고 금전적 리스크를 최소화'하는 추출적(Extractive) 소유구조와 달리, 생성적 소유

구조는 이러한 공식을 따른다.

"자신이 먹고 사는 방법을 통해 공동체에 이바지한다."

켈리가 보기에 "협동조합이야말로 공공선에 여전히 초점을 맞추면서도 가장 고도로 발전된 형태"다. 앞서 본 국제협동조합연맹이 제시한 원칙에서 규정했듯 모든 협동조합은 명시적 윤리적 틀 안에서 운영되길 요구받기 때문이다. 아직 발전 단계이기는 하지만 마이크로파이낸스, 사회적기업, 종업원 소유기업, 공동체개발기업, 재단 소유기업 등 대안적 소유 모델도 생성적 소유구조를 가지고 있다. 이런 기업들은 이해관계가 부합하는 사람들, 즉 공동체가 통제한다.

좋다. 이런 소유구조가 공동체에 더 이롭다고 치자. 그동안 수많은 사람들이 선택한 것은 공동의 이익이 아니라 개인의 탐욕이 아니었던가.

21세기 들어 좀 다른 현상이 벌어지고 있다. 사람들이 '생성적 소유구조'를 선택하기 시작한 것이다. 협동조합은 세계 인구 중 10억 명이 가입할 정도로 보편적인 기업 형태가 되어가고 있다. 심지어 자본가들조차 사회적기업·공정무역·마이크로크레디트 등 사회적 사업에 투자하는 임팩트 투자(Impact Investment)에 2009년 기준으로 500억 달러, 우리 돈으로 56조 원에 이르는 자산을 배분했다.[26] 길게 보면 개인의 탐욕보다 공동의 이익을 선택하는 게 개인에게도 더 이롭다는 인식이 퍼지고 있기 때문이다. 이건 취재를 마친 후 창업자들의 술자리에서 끼어 들은 애기다.

"우리가 그동안 창업자라고, 주주라고 제대로 된 월급을 가져가
질 못했잖아. 와이프가 주식 내놓는다고 불안해했을 때 내가 그랬
지. 걱정 마. 후배들이 챙겨줄 거야."

"맞아. 이젠 우리도 우리 필요를 밝혀도 돼. 생애주기에 맞는 소
득을 당당하게 요구하는 거야."

"나도! 명분은 협동조합 전환을 통해 채웠으니까 조합원의 한 명
으로서 삶의 질을 높일 거야."

협동조합이라는 공동체 속에서 조합원 중 한 명이 됨으로써 창
업자들은 이전보다 많은 '케이크'를 먹게 될지도 모르겠다.

26) 성재만 대우증권 연구원은 2013년 3월 발표 보고서에서 "임팩트 투자 시장규모에 대한 예
측치를 종합해 보면 2020년까지 약 5,000억~1조 달러에 이를 것으로 예상되고 있다"며
"임팩트 투자의 시장규모가 현재 전 세계 주식시장 시가총액의 1.6% 수준까지 성장할 것이
라는 예상이 크게 과장된 것으로 볼 수만은 없다"고 썼다.

II

선물이 되는 회사는
무엇이 다를까

GIFT ECONOMY

가치 창출과 배분 원칙이 다르다
: 그라민, 아라빈드 안과

그들은 세상을 도박판으로 만들고 있는 침팬지를 향해 하이킥을 날리지 않는다. 그들은 침팬지의 방식으로 침팬지의 힘에 맞서지 않는다. 대신 헝클어진 세상을 추스르고, 그 뒤에 해법을 보여줌으로써 어수선한 사회는 지탱될 수 없고, 가지런한 세상이 모두에게 이득이 된다고 설득한다. 그들은 그렇게 침팬지 스스로 반성하게 만든다. 나아가 안 하겠다는 은행의 팔을 비틀기보다는 마이크로크레디트 사업을 통해 가난한 사람들에게 금융서비스를 제공하는 식으로 시장 안에서 새로운 최적의 균형을 찾는다.

_유병선, 《보노보 혁명》

필요 없는 물건을 선물로 받고 난감했던 경험이 있을 것이다. 그런 선물은 결국 먼지 속에서 잊히거나 버려진다. 좋은 의도 혹은 좋은 아이디어로 시작한 사업도 마찬가지다. 성과를 내려면 비즈니스로서 매력이 있어야 한다. 사회적으로 효용이 있어야 한다. 공동체에, 이웃이나 사회에 좋은 선물이 되려면 우선 사람들이 필요로 하는 사업을 만들어야 한다.

선물이 되는 회사의 한 유형으로 사회적기업의 예를 보자. 사회적기업은 대표적으로 좋은 의도와 아이디어로 창업되는 회사의 유형이다. 그러나 국내외 사회적기업 10곳의 성공 사례와 실패 사례를 분석한 라준영 가톨릭대 경영학 교수는 사회적기업도 일반기업처럼 목표시장 및 가치제안이 매력적이고 핵심역량의 차별성, 수익모형의 타당성이 높아야 성공한다고 분석했다. 좋은 아이디어만으로는 충분치 않다. 라 교수의 결론이다.

"새로운 기술도 매력적인 비즈니스모델로 구체화되지 못하면 상용화에 실패하는 것과 마찬가지로 사회 문제 해결을 위한 좋은 아이디어도 현실성 높은 비즈니스모델로 구체화되어야 실제로 사회 변화를 가져올 수 있다."[27]

성공한 사회적기업에만 나타나는 특징도 있었다. 첫째, 성공한 사회적기업은 사회적 가치 제안과 경제적 가치 제안이 잘 연결되어 있다. 둘째, 사회적 가치를 고려해 비용을 최소화하도록 생산시스템이나 운영시스템이 수직적으로 통합되어 있거나 다양한 파트너십을 맺는다. 셋째, 이익을 사회 문제 해결과 사업 확장에 재투자하도록 배분을 제한한다.

여기서 '사회적'이라는 말에 '조합원을 위한', '빈민을 위한' 등 회사를 선물하고픈 대상으로 바꿔 넣어 보자. 어떤 회사가 필요한지 분명해진다. 만약 '나 자신'을 위해 회사를 선물하고 싶다면 '나를 위한'이라는 말로 바꿔 넣어도 마찬가지다. 어떤 가치를 제안하고 창출할지가 명확해진다. 가치 배분 원칙도 분명하게 세울 수 있다. 방글라데시의 그라민은행, 인도의 아라빈드 안과병원의 사례로 살펴보자.

그라민은행이 고객인 방글라데시 빈민들에게 어떤 가치를 제안했고 창출했는지 보여주는 흥미로운 일화가 있다. 1995년 4월, 당시 미국 영부인이었던—나중에 국무장관을 지낸—힐러리 클린턴이 방글라데시의 마이샤하티라는 농촌마을에 갔다. 그는 이곳 여자들이 정말로 그라민은행의 소액대출사업 덕분에 '힘'을 얻게 됐는지 알고 싶어 했다. 그라민은행과 개발지원기관들은 여자들이 돈벌이가 있고 어느 정도 자산을 가지게 되면 '힘'을 얻는다고 주장했다.

여자들은 대답했다.

"네, 우리는 지금 우리 자신의 수입이 있어요. 소, 닭, 오리 같은 자산도 있답니다. 아이들은 학교에도 다녀요."

그러더니 이번엔 힐러리한테 질문을 던졌다.

"아파(자매님), 당신은 암소가 있나요?"

"아뇨, 저는 암소가 없어요."

"아파, 당신은 자신의 소득이 있나요?"

"네, 전에는 제 소득이 있었어요. 하지만 남편이 대통령이 되어 백악관으로 이사 오고 난 뒤에는 일을 그만 뒀어요."

"애들은 몇이나 되나요?"

---

27) 《사회적기업의 비즈니스모델》, 라준영, 2010년 11월

“딸 한 명이요.”

“아이를 더 낳고 싶은가요?”

“네, 한두 명 정도 더 낳고 싶지만, 우리 딸 첼시와도 지금 충분히 행복하답니다.”

여자들은 자기들끼리 중얼거렸다.

“불쌍한 힐러리. 소도 없고, 자신의 소득도 없고, 딸도 하나밖에 없다네.”[28]

이 마을 여자들이 힐러리를 불쌍히 여긴 이유는 단순하다. 이들이 추구하는 가치, 즉 스스로 생산하고 자립하는 삶과는 거리가 멀기 때문이다. 이는 힐러리 혹은 우리가 살고 있는 세상에선 큰 가치를 두지 않지만, 실은 삶의 기반에 더 가까운 것들이다. 이것은 ‘가난한 사람들을 위한 은행’ 그라민이 제안하는 가치이기도 하다.

방글라데시에서 그라민은행은 2011년 말 835만 명의 가난한 사람들한테 무담보 소액 대출(Microcredit)을 제공했다. 이중 거의 ‘거지’에 가까운 극빈층 11만 1,300여 명한테는 무이자, 즉 0%의 이자로 돈을 꿔줬다. 은행이 조사해보니 대출 고객의 64%가 빈곤선을 벗어났다.[29] 경제적 고통에서 벗어났다. 그라민의 무담보대출은 방글라데시 가난한 사람들의 삶에 선물이 되었다.

고객의 97%가 여자인 그라민은행은 특히 여자들의 삶을 바꿨다. 그라민은행을 설립해 2006년 노벨평화상을 받은 무하마드 유누스가 2007년 9월 세계여성포럼 조직위원장으로서 서울에 왔을 때 일이다. 이화여대에서 열린 기자간담회에 참석한 기자가 물었다.

"여자들의 빈곤 퇴치력이 더 뛰어나다고 보세요?"

"방글라데시 상황을 보면, 그렇습니다. 여성의 가족 내 지위가 향상되면 아이 숫자를 결정할 권한이 생겨요. 과거에 남성이 결정했던 것과는 다른 현상이지요. 정부에서 보건시설을 설치할 수는 있습니다. 하지만 여성이 거기에 가지 못한다면 소용이 없어요. 그렇기 때문에 방글라데시에선 빈곤 및 인구 감소나 보건에 여성(권리신장)이 큰 영향을 미쳤지요."

유누스는 '보건시설'이라고 우아하게 에둘러 말했지만, 그가 말한 보건시설이란 실은 피임기구를 나눠주는 곳을 뜻했다. 저개발국이 출산율과 성 관련 질병의 감염률을 낮추기 어려운 가장 큰 원인은 낮은 여성 인권에 있다. 여권이 낮은 지역에서는 국제기구가 피임기구를 나눠줘도 애들이 풍선 불어 노는 장난감으로나 활용된다. 피임기구 사용을 거부하는 남자들이 많기 때문이다.

그런데 그라민은행의 활약 이후 방글라데시 여자들한테 경제력이 생기면서 가정 내 발언권이 높아졌다. 아내는 남편한테 피임하자고 말할 수 있게 됐다. 여자들은 아이를 낳더라도 자신이 잘 키울

---

28) 마리아 미즈, 베로니카 벤홀트-톰젠 《힐러리에게 암소를-자급의 삶은 가능한가》 에 소개된 일화.
29) 그라민은행 홈페이지(www.grameen-info.org) 및 무하마드 유누스의 이화여대 강연

수 있는 숫자 내에서 통제하려고 든다.

덕분에 방글라데시의 인구구조가 달라지고 있다. 1982년에는 여자 한 명이 6.5명의 아이를 낳았는데, 2007년에는 3명 이하로 줄었다. 연 3%가 넘던 인구성장률은 1.4%로 줄었다. 이웃국가인 파키스탄, 네팔, 스리랑카보다 낮다. 여자들 수명까지 길어졌다. 1980년대에만 해도 방글라데시에서는―세계 다른 지역과 달리―남자가 여자보다 오래 살았지만 2000년대 들어서는 여자의 수명이 남자보다 길어졌다. 중학교 진학률도 여자아이가 남자아이를 추월했다.

어떻게 이런 변화를 만들어냈을까. 그라민은행은 대출자들에게 대출을 통해 자립하도록 서로 도울 공동체를 조직하고 삶의 양식을 바꾸라고 제안한다. 먼저, 각 개인이 대출을 받으려면 5명이 연대를 맺어야 한다. 이 중 1명이 대출자 리더를 맡는다. 이들은 1주일에 한 번씩 마을의 다른 대출자 리더들과 모임을 열고 대출금을 상환한다.

대출자들은 16계명을 지켜야 한다. 야채를 재배해 먹고 남는 것은 팔라거나, 물을 끓여 마시라거나, 아이들을 너무 많이 낳지 말고 교육시키라거나 다른 모임이 어려울 땐 도우라는 등등 건강한 삶의 가치, 자립과 연대의 가치를 제안하는 내용들이다. 세부 내용은 이렇다.

◇ 그라민은행 대출자가 지켜야 할 16계명(자료 : 〈사회적기업 성공방정식 Three go〉, 그라민은행 홈페이지)

1. 그라민의 4개 모토인 '훈련, 단합, 용기, 근면'을 잘 지킨다.

2. 가족들을 부유하게 한다.

3. 망가진 집에서 살지 않고, 집을 수리하거나 새 집을 짓는다.

4. 1년 내내 야채를 재배해 최대한 많이 먹고 남는 것을 판다.

5. 경작 시기에는 되도록 씨를 많이 심는다.

6. 아이를 많이 낳지 않고 비용을 최대한 줄이며 건강을 잘 돌본다.

7. 아이들을 교육시키고 배우기 위해 돈을 벌 수 있다고 가르친다.

8. 아이들과 집 주변을 언제나 깨끗하게 한다.

9. 화장실을 지어 사용한다.

10. 펌프로 물을 마시며, 아니면 물을 끓여 먹는다.

11. 지참금을 받거나 주지 않는다.

12. 부당한 일을 하거나 당하지 않는다.

13. 언제나 수입을 늘리기 위해 투자를 아끼지 않는다.

14. 언제나 남을 돕는다.

15. 만약 다른 모임에 어려움이 있을 때 회복을 돕는다.

16. 운동을 하고 사회활동에 참여한다.

　　그라민은 고객에게 자사의 주인이 될 것을 제안한다. 은행 지분의 95%는 대출자의 대부분인 가난한 여성이 가지고 있다. 나머지 5%는 정부가 보유하고 있다. 대출금도 고객들의 예금에서 나온다.

그라민의 예금은 대출 잔액의 145%에 이른다. 예금의 56%는 대출자들이 넣은 돈이다. 1995년 이후 기부금은 전혀 받지 않았다.[30]

가난한 사람들이 고객이자 자금줄인데도 이 은행은 수익을 낸다. 창립 이후 적자를 낸 해는 1983년, 1991년, 1992년 등 딱 3년이었다. 이익은 배당된다. 2010년에는 30%를 현금으로 배당했다. 이 돈의 대부분은 대출자, 즉 가난한 사람들한테 간다. 지분의 95%를 대출자들이 가지고 있기 때문이다. 가난한 사람들의 예금을 모아 가난한 사람들한테 대출해서 수익을 내고, 그 수익을 다시 가난한 사람들을 위한 대출금으로 쓰거나 배당금으로 나눠주는 구조다.

우리가 아는 은행들은 소득이나 자산이 없는 사람들한테 대출해주지 않는다. 상환 리스크가 높다는 이유다. 그런데 그라민은 어떻게 소득도 자산도 없는 가난한 사람들한테 대출해 이러한 수익을 창출하는 걸까.

그라민은행은 가난한 사람들의 상황에 맞는 대출, 상환 시스템을 만들었다. 그룹 대출, 주별 분할 불입, 중앙회의, 단체 자금 지원, 긴급 자금 지원, 이자율 계산법의 단순화 등등. 또 독특한 고객 특성과 미션을 고려해 직원과 지점을 훈련하고 관리하는 시스템을 개발했다. 6개월에 걸쳐 훈련하면서 동기 부여가 미진한 직원을 가려냈다. 또 지점 간 경쟁 도모를 위해 5개의 별점(5Star)제를 도입했다. 지점 상환률이 높고 수익을 내면 별이 늘어난다. 여기에도 기업 미션이 담겨 있다. 최고 등급인 5개의 별을 모두 받으려면 지점 모든 고객의 아이들이 학교를 가야 한다.[31]

사업 확장에는 프랜차이즈 사업의 원리를 원용했다. 그라민은행은 지점을 내고 싶어 하는 사람들이 있으면 본점에서 심사해 허가를 내준다. 단, 2가지 원칙을 지켜야 한다. 첫 번째 원칙은 그 지역의 예금을 모아 가난한 사람들한테 그 돈을 대출해야 한다는 것이다. 두 번째 원칙은 지점 임대비, 직원 임금 등 모든 비용을 지점 스스로 해결할 수 있어야 한다는 것이다.[32]

그라민은행이 관계회사를 만들 때에는 그 분야에서 가장 적합한 파트너를 찾아 공동 출자한다. 이런 방식은 새로운 시장에 진입할 때 치러야 할 시행착오 비용을 줄여주고 시장 경쟁력은 높여준다. 요구르트회사인 '그라민다농'은 세계 최대 낙농제품회사 다농과 손잡고 설립했고, 생수회사 그라민베올리아워터는 세계적 수자원회사 베올리아와 손잡고 세웠다. 의료 소외지역을 위한 원격의료 서비스 '텔레메디신'은 그라민텔레콤과 방글라데시 당뇨병환자연합(DAB) 등 사회복지기관들과 함께 설립했다.

그라민은행의 관계회사들은 모두 가난한 사람들의 삶의 문제를 해결하면서 동시에 여느 영리기업처럼 규모의 경제를 추구한다. 2011년 기준 1인당 국내총생산(GDP)이 690달러인 방글라데시에서 가난한 사람들은 가장 큰 시장이다.

---

30) 그라민 홈페이지 http://www.grameen.com/
31) 데이비드 본스타인 《달라지는 세계》
32) '행복추구 사회사업, 자선 아닌 경영… 유누스 총재 특별대담', <머니투데이>, 2007년 10월 23일.

그라민폰 사례를 보자. 그라민은행의 비영리 자매법인(non profit sister)인 그라민텔레콤과 노르웨이 통신회사 텔레노르가 함께 세운 그라민폰은 이용자가 4,033만 명에 이른다. 방글라데시 통신시장의 40%를 점유한 최대 통신사다.

그라민폰은 시골에 여성 일자리를 창출하면서 동시에 통신 소외 문제를 해결한다. 그라민은행이 휴대전화 구입비를 꿔주면 폰 레이디들은 마을 사람들한테 전화를 빌려줘 사용료를 받는다. 효과는 컸다. 마을주민들은 전화기 덕분에 농작물을 팔려고 며칠씩 걸어다니거나 팔 시기를 놓쳐 헐값에 넘기는 일이 없어졌다. 심지어 폰 레이디를 통해 방글라데시 최대의 마켓플레이스 '셀바자(Cell bazaar)'에 상품을 올릴 수도 있게 됐다.

그라민의 사업은 사회적 가치에서 출발해 경제적 가치를 만들어낸다. 그것을 통해 다시 사회적 가치를 만든다. 그라민은행은 은행에서 생산수단을 갖지 못해 가난한 여성들한테 최대 연 20%의 금리—정부의 마이크로크레디트 금리보다 낮은—로 대출해주고 독특한 관리 시스템으로 98%에 달하는 상환율을 일궈내며 새로운 시장을 만들어냈다. 그라민폰은 휴대전화 임대서비스 시장을 열었다. 두 사업이 만들어낸 경제적 가치, 즉 수익 덕분에 사회적 가치인 빈민의 일자리를 유지하는 기반이 된다.

가난한 사람들의 삶의 질을 높이는 가치를 제안하고 그 가치를 비즈니스를 통해 창출하는 데까지만 성공했다면 그라민은 여느 BOP(Bottom of the Pyramid) 사업과 다르지 않았을 수도 있다. 그랬다면 그라민의 창업자인 무하마드 유누스는 방글라데시에서 가장 성공한 사업가, '방글라데시판 이건희'로 유명해졌을지도 모르겠다. 하지만 노벨평화상은 받지 못했을 것이다. 그라민은 창출한 부를 공동체 안으로 묶어둠으로써 BOP 사업 이상의 일을 해냈다.

BOP, 즉 피라미드 밑바닥 계층을 대상으로 한 사업은 가난해서 소비자로도 여겨지지 않는 저개발국 빈곤층에게 그들이 살 수 있는 조건의 상품을 제공한다. 예를 들어 세계적인 시멘트회사인 멕시코의 시멕스는 멕시코의 빈민촌에 콘크리트보다 가격이 훨씬 싼 가루 시멘트를 팔아 큰 수익을 얻었다. 이것만으로도 BOP사업의 의미는 꽤 크다. 개발국 사람들이 상상하듯, 가난한 사람들은 돈이 없어 필요한 제품을 사지 못하는 게 아니라 너무 비싸서 못 산다. 유통망 등 시장체제가 효율적이지 않아 저개발국 빈곤지역에서 판매되는 동일제품 가격이 개발국 도시보다 비싸진다. 시멘트를 싸게 사서 집이 무너지지 않게 잘 수리될 수 있다면 그것만으로도 사업의 사회적 가치는 높다.

그라민은 여기서 한 단계 더 나아간다. 가난하지 않은 사람들에 대한 이익 배분을 제한했다. 그라민그룹의 회사들은 그라민은행처럼 가난한 사람들이 지분을 가졌을 땐 배당을 한다. 이들이 배당을 받아 소득이 높아지면 '빈곤 퇴치'라는 회사 사명을 달성하는 것이므로. 그러나 다농 같이 대자본이 투자한 그라민다농 같은 회사들은 배당을 거의 하지 않는다. 투자자들이 가난하지 않으므로. 대신 수익을 모두 사업에 재투자한다.

이것이 '소셜 비즈니스'라고 부르는 회사와 여느 회사가 다른 부분이다. 소셜 비즈니스 회사를 통해 방글라데시 빈민들이 만들어낸 부(富)는 다시 빈민들에게로 돌아간다. 부가 순환하는 과정에서 배당 같은 형식으로 파이프라인을 꽂아 뽑아가는 외국인이나 거대 자본가들이 없으니 부는 온전히 빈민들 것이 된다. 유누스는 <머니투데이> 인터뷰에서 이렇게 말했다.

"소셜 비즈니스는 자선 프로그램이 아닙니다. 기업의 경영행위입니다. 기업이 하는 건 비즈니스이고, 비즈니스는 스스로 수익을 창출해야 지속적으로 생존할 수 있습니다. 하지만 소셜 비즈니스가 이익을 얻더라도 배당은 하지 않습니다. 한 투자자가 1천만 달러를 투자했다면 그는 원금 1천만 달러를 순차적으로 다시 받게 될 것입니다. 그러나 회사가 어떤 수익을 내더라도 배당금을 받지는 않을 것입니다. 그것은 투자자들로부터 온 것이 아니기 때문입니다."

방글라데시 빈민들이 기근으로 고통 받던 1974년, 34세의 치타공대학 경제학 교수가 대학 바깥에 있는 조브라 마을 42명의 주민들에게 약 27달러를 꿔줬을 때만 해도 그는 자신이 이렇게 혁신적인 가치 창출 구조와 가치 순환 구조를 만들어낼 것이라고는 상상하지 못했을 것이다.

비슷한 시기에 은퇴했던 인도의 한 안과의사 역시 몰랐을 것이다. 자신이 놓은 침상 12개에서 시작한 작은 변화가 400만 명 빈민에게 새 빛을 주게 될지 말이다.

빈민 400만 명에게 빛을 선물한 아라빈드 안과병원

1976년, 안과의사 고빈다파 벤카타스와미(Govindappa Venkataswamy), 일명 닥터V가 58살의 나이로 은퇴했을 때 인도의 시각장애인은 1,200만 명이 넘나들고 있었다. 이들 중 80% 이상은 가난 때문에 적절한 치료를 받지 못해 시력을 잃었다. 실명을 피할 수 있는 상태인데도 가난한 사람들은 돈이 없어 시력을 잃어야 했다. 바로 그 '피할 수 있는 실명'을 없애는 데에 은퇴한 노의사는 여생을 바치기로 결심했다.

닥터V에게 영감을 준 사람은 인도의 전설적인 철학자인 '스리 오로빈도(Sri Aurobindo)'였다. 스리 오로빈도는 '인간이 신성한 삶을 목적으로 삼고 이를 향해 실천해야 한다'고 설파해 인도의 많은 지식인들에게 지대한 영향을 준 철학자였다.

닥터V는 시각장애로 고통을 받고 있는 수많은 인도인들을 위해 일하고자 하는 자신의 신념을 실천하기로 했다. 그러나 어떤 은행도 그에게 대출해주지 않았다. 은행 관계자들은 말했다.

"당신은 너무 나이가 많아요."

"당신은 지금 돈을 낼 수 없는 사람들을 위해 공짜 수술을 하겠다는 거잖아요. 당신은 펀드를 받을 수 있는 비즈니스모델을 가지고 있지 않아요."33)

닥터V는 다시는 은행으로부터 대출을 받지 않기로 결심했다. 그는 하버드대학에서 안과교수로 근무하던 여동생 낫치아르와 손잡고 동생과 함께 사는 집에 침상 12개를 놨다. 가족이 가진 모든 보석을 담보로 잡혀 운영비를 구했다. 세계에서 가장 큰 안과병원 아라빈드(Aravind)는 이렇게 해서 인도 남부 타밀나두 주 작은 도시 마두라이에서 문을 열게 됐다.

첫 2년 동안은 주변의 도움을 받아 소득이 낮은 가난한 사람들에게 시력을 되찾아주는 의술을 펼쳤다. 닥터V와 동생은 스스로의 힘으로 더 많은 사람들을 돕고 싶었다. 이들은 1층에 유료병원을 세워 그 이익으로 나머지 5개 층에서 무료 수술을 하기 시작했다.

전부 무료는 아니었다. 3분의1 환자들로부터 정상적인 요금을 받았다. 나머지 3분의 2 환자들에게 무료로 진료를 제공했다. 이렇게 하니 기부금 등 외부의 도움은 더 이상 필요하지 않았다.

하지만 더 많은 가난한 사람들에게 무료 시술을 하려면 비용을 낮추는 것이 관건이었다. 당시 인공수정체를 써야 하는 백내장 수술에 드는 돈은 100달러. 한 사람당 국민 소득이 430달러(OECD 1980년 기준)인 인도에서 돈을 이만큼 낼 수 있는 사람은 절반도 되지 않았다.

닥터V는 미국 여행길에 맥도널드 시스템을 보고 표준화된 분업화 시스템을 고안했다. 햄버거의 대량생산을 위해 도입된 맥도널드의 컨베이어벨트 방식 업무처리 시스템을 안과 수술에 도입한 것이다. 우선, 최종 진단을 제외한 단순한 의료검사에는 임금이 낮은 인력을 배치했다. 또, 수술이 필요한 환자들은 침상 위에 한 명씩 일렬로 눕히고 미리 수술 준비를 해놨다. 수술대 사이에는 360도 돌아가는 커다란 현미경을 놓아 의사가 환자 한 사람을 수술하고 나서 바로 현미경을 돌려 다음 환자를 수술할 수 있게 했다. 이렇게 하니 고급인력인 집도의들이 낭비하는 시간 없이 반복적으로 더 많은 수술을 할 수 있었다. 수술비용도 낮아졌다.

인공수정체 가격을 낮춘 건 다른 사회적기업가였다. 1992년 미국 아소카 재단의 지원을 받은 사회적기업가 데이비드 그린이 세운 '오로랩'은 한 벌에 150달러 하던 인공수정체를 단 10달러로 낮추는 데에 성공했다. 최고의 품질은 아니었지만 비용을 15분의 1로 줄일 수 있었다. 덕분에 아라빈드는 다른 병원이 쓰는 비용의 20% 남짓한 돈으로 백내장 수술을 할 수 있게 됐다. 대신 유료고객들을 위해서는 최고급 서비스를 개발해 제공했다.

아라빈드 안과병원의 의사들은 백내장 수술에 있어선 세계 최고의 기술로 올라섰다. 훈련센터와 임상경험이 의사의 실력을 높였다. 여느 병원에서는 의사 한 사람이 한 해에 백내장 환자 250~400명을 수술하는데, 아라빈드에서는 의사 한 사람이 한 해에 백내장 환자 2,000명을 수술한다. 인도 전체 안과 인력의 1%도 안 되는 아라빈드의 의사들은 인도 전체 백내장 수술의 5%를 해낸다.[34]

---

33) 'An Infinite Vision: The Story of Aravind Eye Hospital', <허핑턴포스트>, 2012년 12월 5일.
34) 《비이성적인 사람들의 힘》 중 재인용

이 병원의 한 쪽엔 명성을 듣고 찾아온 유료 환자들로 붐볐다. 다른 한쪽엔 무료수술을 받으려는 가난한 사람들이 길게 줄을 섰다. 매일 1,200여 명의 환자가 찾아왔다. 의사들은 매일 200여 건의 수술이나 시술을 했다. 36년 동안 아라빈드 안과에서 3,200만 명이 진료를 받았고, 그 중 400만 명이 공짜로 혹은 보조금으로 수술 받았다.

12개의 침상으로 시작했던 아라빈드 안과는 7개의 병원과 50개의 시력관리센터를 지닌 대형 전문병원으로 성장했다. 수익성도 높다. 2008년 영업이익률은 40%를 넘어섰다. 고성장산업의 유망기업도 달성하기 어려운 이익률이다.

성공 포인트는 크게 두 가지다. 수술 과정에 맥도널드식 대량생산 시스템의 원리를 적용하고, 저렴하게 개발된 인공안구를 사용해 가치 창출 과정에서 소요되는 비용을 혁신적으로 줄였다. 저품질의 정크푸드를 실어 나르던 시스템에 아라빈드는 고품질의 안과 서비스를 실어 올려 사회적 가치와 경제적 가치를 동시에 창출한 것이다.

또 하나. 각종 이익 배당은 금지하고 이렇게 확보한 이익 잉여금은 모두 병원 확장, 의료장비 구입, 의료인 추가 고용 등 재투자에 썼다.[35] 가난한 환자에 대한 저가 진료의 질을 크게 떨어뜨리지 않으면서 부자 환자한테 더 많은 비용을 청구하는데도 부자 환자들이 반발하지 않는 건 이 병원이 낸 이익이 사유화되지 않는다는 사실을 알기 때문일 것이다. 이것이 아라빈드 안과가 좋은 병원을 넘어 위대한 병원이 된 이유이기도 하다.

투자의 승수 효과가 높다

: 아름다운가게, 다솜이재단

한때 사회와 경제라는 두 영역으로 나뉘던 개념적인 장벽은 무너져 내리고 있다. 사람들은 온 두뇌를 더 나은 세상을 만드는 데에 쏟는다. (중략) 아마 앞으로는 사회적 공공성과 이윤이라는 두 마리 토끼를 잡는 잡종 기업을 위한 법률적 명칭도 생겨나게 될 것이다.

_데이비드 본스타인, 《달라지는 세계》

안 쓰는 물건 기증 받아 261억 원 사회 환원

서울시 가회동에 있는 윤보선 고택. 130여 년 된 한옥이 푸른 하늘로 버선코 같이 우아한 처마를 뻗쳤다. 그 아래서 탤런트 전인화 씨가 부드러운 미소를 머금고 손님들과 인사를 나눈다. 배우 손숙 씨는 한 사람, 한 사람 이끌어 다른 이에게 소개한다.

뜰 주변으로 울창한 나무들이 그늘을 드리웠다. 그 아래서 워릭

---

35) 라준영, 《사회적기업의 비즈니스모델》

모리스 주한영국대사 부부, 폴 리차드스 한국존슨 사장, 팀 옥스 유니레버코리아 사장이 형형색색으로 차려 입은 각국 대사 부인들과 담소를 나눈다. 뜰 안에는 눈부시게 흰 천을 덮은 원형 탁자 10여 개가 놓여 있다. 그 앞으로 박원순 변호사―2011년에 서울시장이 된―신낙균 당시 새천년민주당 부대표, 김원웅 당시 국회 외교통상위원장의 모습이 보인다.

상류층의 브런치 파티? 아니다. 2007년 5월 열렸던 사회적기업 아름다운가게의 새로운 자선사업 '나마스테, 갠지스'의 론칭 행사 장면이다. 이 사업은 아름다운가게가 한국에서 기증 받은 제품을 팔아서 얻은 수익이나 기부 받은 자금으로 인도, 네팔, 방글라데시 등 수해 다발 지역을 돕는 일이다.

놀라운 건 이 행사를 여는 데에 들어간 많은 자원이 거의 다 '공짜'였다는 데 있다. 윤상구 동서코퍼레이션 대표는 자신의 아름다운 저택을 행사장으로 무상 제공했다. 그는 윤보선 전 대통령의 장남이다. 행사장 근처 헌법재판소, 하나은행, 안동교회는 주차장을 공짜로 빌려줬다. 점심식사에 제공된 와인은 두산이, 떡 선물은 ㈜토골미가 기증했다. 이금희 아나운서는 행사진행자로 자신의 전문성을 기부했다. 행사 기획을 위해선 노희정 PD가, 축하공연을 위해선 소프라노 정병화씨가 봉사했다.

아름다운가게는 기증 받은 물품을 재사용하거나 재활용해 판매하는 사회적기업이다. 재단법인으로 2002년 설립된 이 업체는 돈을 기부하는 대신 안 쓰는 물건을 기증하는 문화를 국내에서 확산시키면서 매년 쑥쑥 성장했다. 첫해에 약 1억 원이던 매출은 2003년 16억 원, 2004년 49억 원, 2005년에는 66억 원으로 급증했다. 2012년에는 216억 원의 매출을 냈다. 집 혹은 공장 창고에서 잠자고 있던─경제적 가치 0원의 상태이던─물건을 끌어내 경제적 가치를 부여하고 시장에서 순환하도록 만들어낸 것이다.

매출이 수백억 원이어도 이익이 나지 않으면 나눌 수 없다. 이 업체는 창립 후 11년 동안 261억 원을 어려운 이웃, 작은 풀뿌리단체에 나눠줬다. 2003년 설립 첫해 8,317만 원의 수익을 나눈 이래 2012년 31억여 원, 2013년 32억여 원의 수익을 매년 꾸준히 지역사회와 어려운 이웃에 배분했다. 매출의 14%를 넘나드는 돈을 사회에 기부한 셈이다.

'안 쓰는 물건을 팔아 이웃을 돕는다'는 명분을 아름다운가게만 가지고 있는 건 아니다. 지금도 많은 단체들이 그러한 명분으로 활동하고 있다. '재활용의 사업화'도 아름다운가게만 한 일은 아니다. 안 쓰는 물건을 팔거나 사는 재활용센터는 동네마다 있다. 그런데 비슷한 일을 하는 아름다운가게는 어떻게 10여 년 만에 200억대 매출을 내고 연간 30억~40억 원대의 금액을 사회에 환원할 수 있게 된 걸까?

아름다운가게는 많이 모아 많이 팔고 많이 남겼다. 규모의 경제가 효율적으로 돌아갔다. 규모의 경제를 만들어준 첫 번째 마중물은 '신뢰 자산'이었다.

처음에는 유명인들의 힘이 컸다. 아름다운가게는 국내에서 가장 많은 유명인사, 기업가 등 저명인사들을 영입한 사회적기업이다. 박원순 당시 아름다운가게 상임이사가 캠페인을 하면서 시작한 사업에는 배우 손숙, 유동근, 전인화와 지휘자 정명훈 등 유명인사가 참여했다. 여기에 여러 기업인들이 동참하면서 아름다운가게 이사, 홍보대사 명단에는 어지간한 비영리단체가 1명을 영입하기에도 어려운 인사들의 이름으로 채워졌다. 아름다운가게는 방송과 신문에 자주 오르내리는 단골손님이 됐다.

유명인들의 참여로 높아진 인지도를 사회적 신뢰로 다져준 건 경영의 투명성이었다. 아름다운가게는 수입, 지출 등 모든 재무적 정보를 '1원' 단위로 투명하게 공개한다. 홈페이지에 매달 올리는 '아름다운가계부' PDF 파일에는 거액의 기부금 내역부터 직원 급여, 소액의 은행 수수료까지 모든 돈의 흐름이 항복별로 기재되어 있다.

직원들의 높은 역량 역시 이 업체의 신뢰 자산을 높이는 데에 기여했다. 아름다운가게는 국내에서 가장 많은 직원을 고용한 사회적기업이다. 유급직원이 400여 명에 이른다. 뿐만 아니라 직원 역량이 높다. 전직 방송작가, 사진작가, 마케터, 퇴직한 기업 임원 등 일반 회사에서도 영입하기 힘든 인재들이 각 파트에서 일한다.

국내외 사회적기업 10곳을 분석한 라준영 가톨릭대 교수는 연구보고서에서 "아름다운가게의 뛰어난 마케팅 커뮤니케이션 역량, 프로그램 기획 및 관리 역량, 이해자관리 및 네트워크 역량이 신뢰자산을 형성했다"고 평가했다. 덕분에 기업 · 공공 부문 · 비영리단체 등 다양한 조직이 파트너십을 맺고 협력하기를 희망하게 됐고, 이것은 아름다운가게의 사회·경제적 가치를 높였다.

신뢰 자산은 사업에 드는 여러 가지 비용을 낮춰 준다. 우선 홍보, 마케팅 비용이 줄어들었다. 아름다운가게가 유명해지자, 사람들은 안 쓰는 물건이 쌓일 때나 저가의 재사용 물품을 사고 싶을 때 자연스럽게 아름다운가게를 떠올리게 됐다. 기업은 재고가 쌓이면 아름다운가게에 연락했다. 재고 처분을 해버릴 수도 있는 제품이었지만 아름다운가게에 기부하면 더 괜찮은 효과가 났다. 언론에 보도도 잘 되었고, 기부금 처리로 세금 혜택도 받을 수 있으니까. 기증 물품 수는 2002년 10만 점에서 2006년 600만 점, 2012년엔 1,000만 점으로 급증했다.

다른 업체가 따라할 수 없는 아름다운가게만의 성공 요인은 또 하나 있다. 공간 기증과 자원봉사다. 116개 매장 중 상당수는 건물주로부터 공간을 기증 받아 운영된다. 2012년 기준 자원봉사 참여자는 연 인원 1만여 명에 달했다. 덕분에 다른 업체라면 지출했어야 할 인건비와 부동산비를 줄일 수 있었다.

이것은 기증자나 봉사자 입장에서 기회비용이다. 다른 사람한테 공간을 임대해주거나 다른 곳에 가서 같은 일을 했다면 그만큼 돈을 벌었을 것이다. 아름다운가게가 아낀 비용 중 일부는 기증자와 봉사자의 기회비용인 셈이다. 그러나 기증자나 봉사자는 기회비용을 쓰고도 기뻐한다. 남을 돕고 싶었던 터에 기회를 얻었다고 생각한다. 이기대 아름다운가게 상임이사의 얘기다.

"활동천사(아름다운가게의 자원봉사자를 칭하는 말) 중 한 명이 제 손을 잡고 그러시더군요. '내가 집만 빨리 팔렸어도.' 아름다운가게 매장으로 기증하고 싶어서 돈암동의 117평 자택을 내놨는데 아직 안 나갔다고요. 가게에서 10년 동안 자원봉사를 하신 분인데, '내가 한때는 이거에 미쳤었어.'라고 하시더군요. 이런 분들이 가게의 주인이에요. 가게는 주민들이 만들었어요."

이곳 자원봉사자나 기증자 중에는 50~60대가 많다. 아이 키우고, 직장생활 마치고 나면 주변을 돌아보게 된다. 베풀면서 살고 싶다. 돈이 없다면 몸으로라도 돕고 싶다고 하는 사람들이 아름다운가게로 모인다. 자신의 시간과 자산을 사회에 선물하려는 사람들. 이들이 가게의 운영비를 낮추고 있다.

이들 덕분에 사회환원 등 사회사업에 쓴 비용을 제외한 아름다운가게의 2012년 수익률은 20.9%에 달하게 됐다.[36] 기금을 자본금 삼아 투자수익률(ROI, Return on Investment)을 계산하면 5.01%에 달한다. 어지간한 상장기업 부럽지 않은 '아름다운' 숫자다. 기증과 봉사 등 비화폐적 경제 행위는 사업과 결합해 화폐적 경제 가치를 만들어내고 있다.

아름다운가게의 모체인 아름다운재단이 이 사업을 하지 않고 그 돈을 그냥 일반적인 사회사업에 썼다면 딱 94억 2,000만 원만큼의 가치가 창출됐을 것이다. 그러나 사업에 투자하자 효과가 커졌다. 사업은 매년 원금 즉 기금의 2.9배에 달하는 수입을 내게 됐다. 또 원금의 2.77배나 더 큰 261억 원을 사회에 환원하게 되었다.

더 주목해야 하는 건 매출이다. 아름다운가게의 재사용·재활용 물품 매출이 늘어난다는 것은 순환되지 않던 자원이 다시 순환된다는 뜻이다. 환경적 가치를 창출한다. 경제적 가치 또한 창출하는 건 당연하다. 일반 기업의 경제행위와 같은 원리다. 매출이 일어나면 인건비, 재료비 등 비용 지출이 늘어나는데 이것이 일자리를 만들어내고 연관사업을 활성화하는 효과를 낳는다. 경제활동의 규모가 연쇄적으로 커진다.

이것을 이승규 KAIST 교수와 라준영 가톨릭대 교수 연구팀은 '사회적기업의 승수효과'[37]라고 불렀다. 영리 투자가 일으키는 승수효과와 원리는 같다. 투자는 소비되는 것이 아니라 설비 등 유형자산과 기술 등 무형자산을 확보하는 데에 반복 사용되면서 경제활동의 회전율을 높인다. 이것이 규모의 경제를 만들어낸다. 반면 일반적 기부금과 정부보조금은 일회성 지출이다. 회전 효과가 전무하다.

사회적기업의 승수효과가 사회공헌, 복지 등 공익 부문에 활용된다면 어떨까? 당연히 공익의 규모가 연쇄적으로 커질 것이다.

이번에는 교보생명의 사회공헌 사업을 기반으로 성장한 다솜이 재단의 사례를 보자.

---

36) 2012년 재무상태 표에 따르면 아름다운가게는 2012년에 매출 216억 원과 기부금 등 목적사업 수익 57억 3,000만 원을 합쳐 273억 3,000여만 원의 수입을 발생시키고 267억 원을 지출했다. 그런데 지출 중 50억 9,400여만 원은 사회에 환원한 것이었다. 즉, 원가 및 판매관리비 등 운영 관련 지출 금액은 216억 1,000여만 원이다.

37) <사회적기업의 사회경제적 가치 측정 : 사회투자수익률(SROI) >, 이승규·라준영, 2010년 7월.

서울 성애병원에서 일하는 조창옥 간병사는 50대 후반, 8년 경력의 간병사다. 2007년부터 다솜이재단에서 일하고 있다. 그전에 그는 혼자서 환자 6명을 24시간 동안 돌봤다. 그렇게 보름 일한 후 다른 간병사와 교대했다. 휴식은커녕 집안의 대소사도 챙길 수 없었다.

"두 명이 보름씩 번갈아 일하다 보니 예전에 연차는 꿈도 못 꿨어요. 딸아이가 결혼했을 때는 내 돈으로 일당 8만 원을 주고 다른 간병사를 사서 썼어요. 명절 때는 단가가 높아져서 명절 쇠러 가려면 일당 10만 원은 줬어요. 지금은요? 연차를 쓰면 되죠. 연차수당도 나와요."

재단은 간식도 주고 정년퇴직도 보장한다. 그는 "우리 방 여사(간병사)들하고도 맘이 잘 맞아서 우리끼리 모이면 '만63세까지 일하자'고 한다"고 말했다. 직업으로서 '괜찮은 일자리'니까.

다솜이재단 간병사는 하루 평균 9.4시간 일한다. 다른 민간업체 간병인들에 비하면 절반도 안 되는 시간이다. 간병사가 교육 받으면 교육수당을 준다. 근무 중 휴식시간도 준다. 병원에 따라 휴게공간도 있다. 종사자 400여 명 전원은 정규직 혹은 계약직으로, 100% 4대 보험에 가입되어 있다. 눈에 띄는 건 이중 195명이 여성가장, 고령자 등 소위 사회 취약계층이라는 점이다. 2012년부터는 장애인 간병보조사도 10명 고용했다.

이번에는 국내 간병업계의 현실을 보자. 국내 간병사들은 하루 평균 19시간 이상 일한다. 월급은 평균 210만 원. 시급으로 치면 3,000원 수준이다. 종사자의 70.3%는 소개업체의 알선을 받아 일한다. 나머지 11.4%는 용역이나 파견직이다. 정규직 비율은 2.7%, 계약직 비율은 12.8%다. 4대 보험 가입자는 31%뿐이다. 한국보건사회연구원과 여러 연구자의 2010년 자료를 종합한 것이다. 간병사들이 다솜이재단을 '괜찮은 일자리'라 할 만하다.

처음에 이 사업은 저소득층 환자들을 무료로 간병해주는 사회공헌 사업으로 출발했다. 교보생명이 실업극복국민재단(현 함께일하는재단)과 함께 2004년 시작했던 '다솜이 간병봉사단'은 2007년 재단법인으로 재출범하면서 공동간병 전문업체 '다솜이재단'으로 거듭났다. 2007년 국내 1호로 사회적기업 인증을 받았다.

다솜이재단은 노무 혁신을 통해 경제적 가치와 사회적 가치 모두 승수효과를 냈다. 매출 즉 경제적 가치를 보자. 2008년과 2009년에 30억 원대였던 것이 2010년과 2011년 40억 원대로 올라섰다가 2012년 61억 9,400여만 원으로 급증했다. 2013년 매출은 68억 원대를 기록할 전망이다. 교보생명이 저소득층 무료 간병을 위해 매년 기부하는 11억 원을 합하면 2013년 수입은 79억 원대일 것으로 전망된다. 기금 즉 자본금 규모가 17억 5,200억여 원이니, 재단 설립으로 늘어난 경제적 가치만 따져도 2013년의 승수효과는 4.5배, ROI(투자수익률)는 11.4%에 이른다.

일반 간병업체와 다른 부분은 사회적 가치다. 재단의 공동간병 서비스 덕분에 줄어든 간병비용은 2012년에만 30억 4,400여만 원에 이른다. 간병사들은 타 업체에서 일했다면 받았을 급여보다 모두 합해 12억 8,000만 원을 더 받았다. 중요한 건 삶의 변화다. 재단이 교보생명의 사회공헌 자금을 받아 저소득층 환자를 돌봄으로써 환자를 간호하느라 바깥에 나가지 못했던 가족구성원이 일할 기회를 얻게 된 것이다. 환자 가족들이 일할 기회를 얻어 벌어들인 소득은 2012년에 총 3억 9,000여만 원이었다. 다솜이재단은 품질경영 보고서를 통해 설립 후 6년 동안 창출한 사회적 가치를 돈으로 환산하면 모두 합해 271억 1,500만여 원이라고 전했다. 2012년에만 52억 2,800여만 원의 사회적 가치를 창출했다.

[표] 다솜이재단이 창출한 사회적 가치

	'07년	'08년	'09년	'10년	'11년	'12년
공동간병을 통한 유료서비스의 저렴한 제공	2,257	1,627	1,590	1,895	2,320	3,044
저소득층을 위한 무료서비스 제공	958	946	960	475	511	474
간병사의 안전사고에 대한 부담 경감	10	33	50	37	34	26
근로자 소득증대	915	859	911	983	1,168	1,280
근로자가족원 소득활동	-	-	-	-	-	11
저소득층 환자 가족원의 소득활동 기회 확보	762	815	878	446	436	390
사회적 성과 합계	4,904	4,283	4,390	3,839	4,471	5,228

검증 : 가톨릭대학교 경영학과 라준영 교수, 2013, 단위 : 백만 원

설립 초기 사회적기업으로서 정부로부터 세금을 받던 곳, 정부 지원이 끊기면서 2010년부터 2년 동안 적자를 냈던 곳이 어떻게 이런 승수효과를 낼 수 있었을까.

재단의 처음 기반은 기부금이 마련해줬다. 교보생명이 사회공헌

사업으로 매년 일정 규모의 무료간병을 구매해줌으로써 재단은 품질관리 등 혁신을 일으킬 만한 '규모의 경제'를 남보다 빨리 확보할 수 있었다. 또 교보생명 브랜드가 가진 신뢰에 힘입어 병원 측에 유료간병서비스 도입을 영업할 때에도 도움을 받았다.

사회공헌 사업 때의 경험, 그 후 생긴 규모의 경제 효과 덕분에 다솜이재단은 다른 간병업체는 할 수 없던 노무 혁신을 일으켰다. 첫 번째, 공동간병의 체계화. 인적 자원 관리를 전산화했다. 두 번째, 공동간병체계 도입. 6인 병실에는 평균 4인의 간병사가 3교대로 투입됐다. 간병사들의 노무가 전산화되면서 인적 자원과 품질관리의 기반이 됐다. 재단은 공동간병실의 특성과 환자의 생활패턴에 따라 간병사를 탄력적으로 배치하고 지속적으로 업무를 점검하고 있다.

노무 혁신은 경영 성과를 끌어올렸다. 라준영 가톨릭대 경영학 교수는 "다솜이재단의 공동간병은 개인간병 대비 서비스 가격을 40% 정도 낮출 수 있는 비용절감 효과가 있었다"며 "탄력적인 3교대 근무는 간병사의 피로감을 줄여 서비스 질을 높였다"고 분석했다.

그러나 이러한 것이 그리 수월하게 만들어진 체제는 아니었다. 이만한 혁신을 일으키기까지는 구성원들의 '절박함'이 작용했다. 2005년부터 받던 정부의 사회적 일자리 지원이 2009년 종료된 것이다. 게다가 당시 간병 시장에는 중국인 간병인을 중심으로 2만 5,000원짜리 공동간병 서비스가 나오고 있었다. 2010년, 재단은 적자를 냈다.

　재단은 위기를 지렛대로 삼았다. 저가 경쟁에 뛰어드는 대신 품질을 더 높이는 길을 선택했다. 저가 경쟁은 일자리의 질을 낮출 뿐 아니라 고용 유지를 어렵게 할 게 뻔했다. 노무 구조 혁신, 서비스 질 향상에 박차를 가한 것도 그즈음이었다. 김서연 다솜이재단 사무국장은 이렇게 회상했다.

　"당시 상황이 얼마나 절박했으면 그런 돌파구를 찾아냈겠어요. 삐삐가 휴대전화에 밀려났던 때 그랬듯 우리 경쟁력이 떨어져서가 아니라 시장 구조가 바뀌고 있었어요. 이대로는 살아남기 어렵다는 상황 판단을 했지요."

　교보생명 사회공헌 사업이 준 경험, 규모의 경제 효과, 여기에 구성원들의 절박한 심정이 합쳐져 다솜이재단의 사업에 '승수효과'를 만들어냈다. 이러한 승수효과가 복지 분야 전반에서 나타난다면 어떨까. 복지비용을 낮추고 복지의 질은 높일 수 있지 않을까. 경제가 저성장 국면으로 접어들어 앞으로 세수가 줄어들 수밖에 없는 한국 현실에서 복지비용을 낮추는 회사가 나온다면 각광을 받을 수밖에 없다.

사회 공동의 비용을 낮춘다

: 이지무브, 딜라이트

오늘날 기업들은 상상할 수 있는 그 어떤 것이든 만들 수 있다. 그러므로 우리가 대답해야 할 질문은 "이것을 만들 수 있을까?"가 아니라 "이것을 만들 필요가 있을까?"다.

_에릭 리스, 《린 스타트업》

어떤 회사는 창업 2년 만에 상장기업으로부터 20억 원을 투자 받았다. 다른 회사는 대기업과 대형은행으로부터 총 41억여 원을 투자 받았다. 둘 모두 기업의 미래 성장성에 대한 기대로 들어온 재무적 투자다.

스타트업(사업을 시작하는 기업)의 세계에서 이 정도의 투자 유치는 그다지 대단한 성공담으로 들리지 않을 수도 있다. 그런데 이 얘기를 한다면 좀 달리 들릴지도 모르겠다. 한 곳은 돈 없어 듣지 못하는 사람들한테 공짜보청기를 제공하려고, 다른 한 곳은 움직이기 어려운 소외계층에게 저렴한 보조기구를 제공하려고 설립됐다.

스타트업이 늘 그렇듯 여러 가지 우여곡절과 시행착오 끝에 두 회사 모두 경쟁제품 대비 가격을 파격적으로 낮춘 상품을 개발하는 데에 성공했다. 소비자들은 사실상 공짜인 보청기, 수입산의 거의 반값에 장애인 보조기구를 얻게 됐다. 들을 기회, 이동할 권리를 얻게 됐다.

이런 회사들은 복지비용을 낮춘다. 이런 회사들이 많아지면 정부는 복지 예산을 줄일 수 있고 국민은 기본적인 삶을 누릴 기회를 늘릴 수 있다. 두 회사는 어떻게 비용을 낮추는 혁신을 이뤄냈을까. 이지무브 이야기부터 시작하겠다.

투자 불모지에 41억 원 투자 이끈 벤처기업

30층 고층건물에 올라갔다. 그런데 비상계단이 없다. 불이 나거나 천재지변으로 엘리베이터가 작동되지 않는다면? 장애인, 임신부, 노인 같이 거동이 불편한 사람들에게 한국의 고층건물은 비상구가 없는 곳이다. 건물에 불이 나 엘리베이터가 멈추면 이들은 대피할 길이 없다.

2010년 어느 날, 척수장애인 한 명이 재활공학박사인 오도영 ㈜이지무브 대표를 찾아와 "생명의 위협을 느낀다"고 호소했다. 비상계단으로는 휠체어가 내려갈 수 없다. 창문을 통해 서서히 내려갈 수 있게 만든 완강기는 혼자 힘으로 대피하기 어려운 사람들에겐 무용지물이다. 국내 장애인구수는 252여만 명. 노인 · 임신부 중 거동이 불편한 교통약자까지 셈하면 인구의 16%가 잠재적 교통약자다. 인구 상당수가 이 장애인과 같은 위협에 놓여 있는 것이다.

그로부터 3년여가 지난 2013년 7월, 서울시청 신관 계단에는 13개의 초록색 박스가 설치되었다. 박스의 내용물은 '피난대피용 보조기기 KE-체어'. 이 기기는 펼쳐서 계단 위에 놓고 뒤에서 밀면 스노보드처럼 미끄러져 내려간다.

오 대표는 이 보조기기가 자랑스럽다. 이 기기가 건물 안에 있으면 장애인·노인·임산부 등 거동이 불편한 사람과 함께 있더라도 5분 안에 건물을 빠져나올 수 있다. 게다가 외국산보다 더 싸고 더 튼튼하다.

"우리 제품의 가격은 1,500달러로, 미국 것보다 1,000달러나 저렴해요. 그렇지만 눈으로 보기에도 훨씬 더 견고하죠. 최고의 자재를 써서 거의 영구적으로 쓸 수 있게 만들었어요."

이 회사는 장애아동용 유모차, 장애인용 휠체어 등 10개 제품을 생산한다. 그중 장애아동을 위한 이지무브의 유모차는 경쟁제품의 '반값'이다. 국내에서 직접 개발해 생산하는데다 판매마진도 수입산을 취급하는 다른 판매회사의 절반 미만으로 책정한 덕분이다. 더 많은 소비자가 구매할 수 있는 가격으로 판매하기 위해 이익을 스스로 제한한 셈이다.

그러고도 2012년 이 회사는 31억 원의 매출을 올렸다. 설립 첫해인 2010년에는 13억 원, 2011년에는 26억 원이었다. 회사는 2013년에 50억여 원의 매출을 낼 것으로 전망한다. 자세유지기기·복지

차 등 장애인과 노인에 대한 복지 지원을 정부가 강화하고 있어 매출 전망이 좋다는 것이다. 자세유지기기 등 장애인과 노인에 대한 복지 지원을 정부가 확대하고 있어 매출 전망이 좋다는 것이다. 전망치까지 창립 이래 매년 평균 60%대 성장세다.

신한은행은 2012년 1월, 이 회사에 12억 원을 투자했다. 금융사에 허용된 최대한도인 15%의 지분을 거의 한도 끝까지 투자한 것이다. 당시 신한은행은 투자 취지를 "사회공헌과 더불어 투자수익 창출이라는 재무목표를 달성하기 위해서"라고 밝혔다. 현대자동차그룹도 6억 원을 투자했다. 설립 때 들어온 자본금 29억 1,000만 원을 합하면 47억 1,000만 원이 이동권 확보를 위한 보조기기에 투여되는 것이다.

대기업과 대형은행이 재무목표를 가지고 들어오기엔 이 시장은 아직 불모지다. 이지무브가 설립되기 전에는 장애인 이동 보조기기를 제대로 개발해 생산하는 회사가 국내에 없었다. 몇몇 유통회사들이 수입산 제품에 상당한 마진을 붙여 판매했다. 가격대가 서민들은 살 수 없을 만치 높았다. 그런데도 국산 제품을 개발하는 회사는 없었다. 수입산과 경쟁할 만한 제품을 개발하려면 돈도, 인력도 상당히 투입되어야 했지만, 높은 투자 위험을 감내할 만한 회사가 없었다.

이런 시장에 이지무브는 어떻게 성공적으로 진입했을까. 그 과정은 성공적인 비행과 비슷했다. 비행기가 뜨려면 충분한 길이의 활주로가, 비행을 마치려면 목적지에 도달할 수 있는 충분한 연료가 필요하다. 좋은 비행사가 조종간을 잡아야 한다. 목적지까지 방향성을 잃지 않아야 한다.

활주로. 회사 설립 때까지 거의 3년에 가까운 토론과 준비 과정이 있었다. 2007년, 현대자동차그룹의 사회공헌을 담당하는 사회문화팀이 교통약자의 이동성을 지속적으로 높일 혁신적인 모델을 찾으려 장애인·노인·재활공학·사회적기업 등 각 분야 전문가를 만나던 중 당시 재활공학 분야에서 일하던 오 대표로부터 보조기기 국산화 아이디어를 얻었다. 이때부터 2년 반 동안 보조기기 관련 조사와 토론을 벌였다. 그 다음으로 사업에 적합한 법인형태, 지배구조, 인재를 찾는 과정이 1년 이상 이어졌다.

연료. 해당 산업에 성공적으로 진입하기 위한 투자금을 29억 원 이상 확보했다. 준비팀의 논의 결과, 보조기기 국산화를 위해선 제조업 시설 기반과 연구개발 인력에 대한 상당한 투자가 필요하다는 결론이 나왔다. 이건 비영리 사회공헌 사업으로는 충족시키기 어려운 조건이었다. 그래서 현대자동차그룹은 원래 2004년부터 사회공헌으로 시작했던 '이지무브' 사업을 주식회사 형태로 분리하기로 결정했다. 그룹은 29억 1,000만 원을 투자했다.

조종사. 벤처 창업 경험과 관련 분야 전문성이 높은 재활공학자를 대표로 영입했다. 오 대표는 2001년부터 2004년까지 벤처기업을 경영했던 경험이 있다. 게다가 그는 드물게 사회 분야와 기술 분야를 동시에 공부한 연구자다. 석사학위는 사회복지로, 박사학위는 재활공학으로 땄다. 또한 재활공학 관련 기관에서 일하며 장애인 등 관련 분야에서 넓은 인맥을 쌓기도 했다.

방향성. 가장 큰 수요처인 장애인 관련 단체들과 건강한 공익법인들을 주주로 참여시켰다. 자본금을 댄 현대 · 기아자동차는 설립 직후 푸르메 · 장애우권익문제연구소 등 10곳의 비영리공익법인에 주식을 기부했다. 이들은 이지무브의 가장 큰 시장인 장애인 관련 사업을 하는 곳들이다. 이들의 지분은 2013년 기준으로 57%에 이른다. 사회공헌 목적의 현대 · 기아자동차는 29%, 재무적 목적의 신한은행은 14%의 지분을 가지고 있다.

이지무브는 주식회사다. 심지어 재무적 투자 목적의 신한은행 같은 곳도 주주로 참여했다. 그러나 공익법인과 장애인 단체 등의 이해관계자가 소유구조에 참여하면서 이지무브는 창립 사명, 즉 방향성을 잃지 않을 수 있는 거버넌스를 갖추게 됐다. 주주들의 기대 속에 이지무브는 2011년 고용노동부로부터 사회적기업 인증을 받았다.

오 대표는 이지무브 같이 사회적 사명을 가진 벤처기업이 더 많이 나타날 것이라고 내다봤다. 이미 청년들의 에너지가 움직이고 있단다.

"소셜벤처를 선발하는 H-온드림 대회에 심사하러 가면 대단한 열기가 느껴집니다. 청년들은 걸그룹 받아들이듯 소셜벤처, 사회적기업을 받아들이고 있어요. 이건 우리 기성세대가 사회에 진출할 때와는 다른 선택지입니다. 아직 이 열기는 구름처럼 모호하게 흩어져 있어요. 사회적 에너지를 모아주는 사회적기업이 필요합니다. 그러면 지금의 20대가 사회를 이끌 20~30년 후에는 더 살기 좋은 세상이 될 것이라고 믿습니다."

아마 이러한 청년벤처가 그 중 하나일 듯하다. 이번에는 제품 제조비용과 유통비용에 혁신을 일으켜 사회 공동의 복지비용을 낮춘 회사 이야기다.

비용 혁신으로 공짜보청기 만든 20대 창업자들

가톨릭대학에 다니던 한 대학생이 노인복지관에서 봉사하다가 노인성 난청 인구의 90%가 보청기를 쓰지 못한다는 것을 알게 됐다. 노인복지관의 노인들은 난청으로 생활에 큰 불편을 겪고 있었다. 하지만 보청기를 쓰지 못했다. 돈이 없어서.

당시 시중 보청기 가격은 75만~150여만 원에 이르렀다. 정부보조금 34만 원으로는 살 수 없는 가격이었다. 질병관리본부에 따르면 한국의 65세 이상 인구 중 25%, 네 명 중 한 명이 노인성 난청을 앓고 있는데, 정부 예산은 그런 현실을 반영하지 못하고 있었다.

그는 생각했다. '정부 보조금만으로 살 수 있는 보청기가 있으면 어떨까?' 그리고 친구들과 이야기했다. 뜻이 맞는 친구들이 모였다.

그렇게 해서 2009년, 대학생들이 만든 '공짜 보청기'가 나왔다. 정부보조금 34만 원으로 살 수 있는 보청기였다. 처음엔 자원봉사로 시작했던 대학생들이 보청기를 계속 만들어내기 위해 회사를 설립했다. 그것이 ㈜딜라이트다.

김남욱 이사(당시 KAIST 대학생)와 원준호 팀장(당시 연세대 학생)과 함께 딜라이트 설립 멤버 중 한 명인 김정현 대표는 정부 보조금으로 살 수 있는 보청기를 출시해 100억 원 정도의 사회 비용을 절감한 것으로 추정한다. 그는 맞춤양복처럼 사후 생산하던 보청기를 기성복처럼 표준화해 대량생산하고 불필요한 유통비용을 제거해 가격을 시장가 대비 50~70%대로 낮췄다고 설명했다.

"이거야말로 보편적 복지죠. 장애 진단을 받으면 이건희 삼성전자 회장 같은 부자도 공짜로 보청기를 받을 수 있으니까요."

그들이 처음부터 창업을 생각했던 건 아니었다. 이들은 저소득층 난청 노인을 위해 표준화한 제품 한 가지만 인터넷사이트에 올려놨다. 공짜 보청기는 소문만으로도 마케팅이 됐다. 고객이 늘면서 고객의 서비스 니즈도 높아졌다. "직접 보고 사고 싶다", "AS를 해달라" 등등 다양한 소비자의 요구가 쏟아져 들어왔다. 여기 대응하려면 추가 투자가 필요했다.

"저희는 최선이라고 생각하고 한 일인데, 사람들은 더 많은 것을 요구했어요. 없는 것보단 낫지만 불완전한 제품이었죠."

당시 대학생이던 창업멤버들은 다들 학업을 중단하고 사업에 몰입했다. 보청기 가격을 정부 보조금 수준으로 맞추기 위해 인건비도 받지 않았다. 이건 당연히 기업체가 아니었다. 경영을 지속할 수 없었다. 이들은 사업을 비영리재단에 넘기려 했다. 인수 받겠다는 재단이 없었다. 그러던 중 라준영 가톨릭대 경영학 교수 등 주변의 조력자들이 이들을 부추겼다. "제가 보청기를 만들기 위해 공부를 많이 했고 자원도 모았으니 차라리 돈 되는 기업으로 만들어서 완전한 서비스를 만들라"고.

결국 창업멤버들은 외부의 투자를 받기로 결정했다. 2011년 4월 대원제약으로부터 20억 원을 투자 받았다. 미국의 사회적기업 인증기관 비―랩(B-Lab)으로부터 아시아 최초로 비―코프(B-Corp) 인증을 받기도 했다. 비―코프의 B는 이로움(Benefit)을 뜻한다. 기업이 흔히 중시하는 수익(Profit)을 넘어 널리 사회에 이로운 기업에게 주는 인증이다.[38]

2012년, 이 업체는 연 매출 42억 원, 직원 42명, 13개 직영영업점 규모의 기업으로 성장했다. 창업기간 3년여 동안 창업멤버들은 많은 것을 내줬다. 3명 모두 3년 동안 대학 졸업장을 받지 못했다. 김 대표는 과로와 잦은 비행으로 일시적인 청력 이상을 겪기도 했다.

"하루에 잠자는 시간 6시간 빼놓고는 일만 했어요. 하루에 열두 번씩 회의를 가졌어요. 포기할 수가 없었어요. 사회적기업 동아리에서 같이 고민하던 사람들이 이탈하는 것을 보면서 나는 해보리

---

38) 비―코프 인증은 매년 업데이트되는 180여 개 질문에 대한 답변을 채점해 80점 이상(200점 기준)일 때 받을 수 있다. 심사 기준인 비―임팩트 평가는 지배구조의 투명성, 지역사회, 환경, 소비자, 직원 관련 항목을 주로 묻는다. www.bcorporation.net

라 결심했거든요."

딜라이트 상담실 문 옆엔 나무로 새긴 간판이 있다. 공짜로 보청기가 생겼다고 한 할아버지가 직접 조각해서 걸어준 것이다. 김 대표는 "그런 분들 때문에 딜라이트가 생겼고 그런 분들 덕분에 힘을 낸다"고 말했다.

"근처에 오실 때마다 떡볶이 사오는 할머니도 계세요. 우리 영업점 점장한테는 미혼이면 남자 소개해주겠다고 하시는 분도 계셨대요. 편지도 많이 와요."

'공짜 보청기'는 제품 혁신과 정부 복지의 합작품이다. 만약 딜라이트의 반값 보청기가 없었다면 사회는 75만~150만 원짜리 보청기를 살 수 있도록 보조금을 높여달라고 요청했을 것이다. 딜라이트가 만든 경영 혁신은 사회 공동의 비용을 낮췄다. 어떻게 했을까.

크게 두 가지를 잡았다. 하나는 제품 제조비용, 또 하나는 유통비용.

먼저 제조비용. 딜라이트는 고객한테 최종 납품하는 단계까지의 비용을 낮추기 위해 먼저 보청기를 표준화했다. 그래서 기존 보청기와 동일한 부품을 탑재했는데도 딜라이트 보청기는 제조비용을 줄일 수 있었다.

다음은 유통비용. 딜라이트는 기존 보청기처럼 유통 채널에 마진을 주지 않고 직영으로 고객과 거래하는 방식을 취했다. 유통비용이 줄어들면서 판매가격이 낮아졌다. 결과적으로는 박리다매로 운영되는 시스템이 만들어졌다.

이런 식으로 1만 대, 약 100억 원 상당의 보청기가 팔렸다. 거품을 뺀 보청기의 출현은 시장에 상당한 충격(Impact)를 줬다. 김 대표 전언으로는 보청기 평균 판매단가가 30% 가량 떨어질 정도였다고 한다.

충격을 받은 업체들이 가만히 있을 리 없다. 한국보청기협회는 2013년 10월 딜라이트를 공정위에 고발했다. 부당한 표시 및 광고행위를 했다는 이유였다. 협회는 딜라이트가 타사의 저가보청기를 구매·가공해 상호만 변경한 저가보청기라고 주장했다. 또 다수의 보청기 판매업자들을 폭리를 취하는 대상으로 내모는 등 부당한 광고행위를 했다고 지적했다.

이러한 논란은 쉽게 사그라지기 어려워 보인다. 기존 보청기 가격이 폭리를 취한 것일까, 정당한 가격일까. 딜라이트가 내보낸 광고 콘텐츠가 비방일까, 사실일까. 가리기란 쉽지 않다. 분명한 건 저소득층 난청인에게는 저가 보청기가 필요했고, 딜라이트는 그것을 만들어냈으며, 고객들이 딜라이트를 고맙게 여기고 있다는 점이다.

이런 업계와의 갈등은 아마 이지무브, 딜라이트처럼 사회 공동의 비용을 낮추는 것을 목표로 출범한 회사들이라면 어느 곳이나 피하기 어려울 것이다. 중국 격언에 "장강의 뒷물결은 앞물결을 밀어내고 세상에 새 사람은 옛 사람을 대신한다(長江後浪催前浪 浮世新人換舊人)"라는 말이 있다. 시장의 일도 마찬가지 아닐까.

사회적 자본을 만든다

: 바리의꿈, 에듀머니 등 사회적기업들

문제의 이름을 붙여주는 일이 문제와 맞서는 첫 단계이다. '환경'이라는 용어가 미국인에게 고요한 봄날의 소리를 듣도록 하고, 베티 프리던이 '아무도 문제라고 생각하지 않는 문제'라고 이름 붙인 그것이 여성에게 자기 삶에서 무엇이 잘못인가를 분명하게 인식하도록 해주었듯 말이다.

_로버트 D.퍼트넘, 《나홀로 볼링》

러시아 우스리스크에 사는 14살 소녀 야나는 한국 가수 인피니트와 2PM을 좋아한다. 소녀의 꿈은 한국에서 배우고 인생을 펼쳐나가는 것이다. 소녀의 할머니 까쟈는 소녀의 꿈을 이뤄주는 게 꿈이다.

"야나는 한국의 분위기나 질서를 좋아해요. 왜 우리는 그렇게 못할까요? 보세요. 한국에는 글을 모르는 학생들이 없어요. 컴퓨터를 못하는 학생도 없습니다. 그들은 모두 배우기 때문이죠. 그렇기 때문에 나라가 성장하는 것입니다. 문화적으로도요. 저의 손녀가 열망하는 것도 바로 그런 것들입니다. 야나는 한국에 아주 가고 싶어

합니다. 하지만 이를 위해서는 시간이 필요해요. 가능성을 기다리고 공부해야 합니다. 언젠가 야냐 스스로 그 꿈을 이룰 능력이 생길 때까지 저는 적극적으로 도울 생각이에요."

한국으로 돈 벌러 간 딸을 대신해 손녀를 돌보면서 까쟈 할머니는 연해주 동북아평화기금(이하 동평기금)의 유기농콩 농장에서 일한다. 이 콩은 한국으로 실려가 '이로운아침 유기농두유'라는 이름으로 팔린다. 이 두유는 콩을 더 많이 소비해 연해주에 일자리를 더 많이 만들기 위해 콩을 한껏 넣었다. '바리의꿈' 브랜드로 팔리는 청국장, 메주 같은 다른 콩 제품들과 함께 이 두유는 수익 일부를 연해주로 보내준다. 수익은 까쟈와 같은 연해주 생산자들의 자립 기반을 마련하기 위해 재투자된다. 1951년생인 그는 구 소련 붕괴 후 삶의 터전을 찾아 1998년 조상의 땅, 연해주로 왔다.

"처음 연해주로 왔을 때 오랫동안 일을 할 수가 없었어요. 많은 고려인들이 그랬듯, 저 역시 중국시장에 가서 일했지요. 빈손으로 연해주에 정착하는 게 쉽지 않았어요. 제가 만일 동평기금을 만나지 못했다면 지금 어디에서 살고 있을지, 무엇을 하고 있을지 모르겠어요. 덕분에 일자리와 보금자리를 얻었어요."

러시아 연해주에는 우리처럼 김치를 먹고 차례를 지내는 사람들이 산다. 러시아어로 '까레이스키'라 불리는 고려인, 우리 동포들이다. 19세기 중반, 기근과 탄압을 피해 13가족이 두만강을 건넌 이래 고려인들의 역사는 한민족의 아픔을 고스란히 품고 흘러왔다. 20세기 초, 연해주는 항일운동 근거지였다. 안중근·우석순 등 독립

운동가들을 비롯해 11만 명의 고려인이 의병활동을 벌였다. 1937년, 구 소련은 연해주의 고려인들에게 '일본에 동조했다'는 오명을 씌워 우즈베키스탄, 카자흐스탄 등 중앙아시아로 강제이주시켰다. 20만 명이 강제로 열차에 태워졌는데, 그 여행이 얼마나 혹독했는지 2만여 명이 숨졌다. 1991년 소련이 해체된 뒤 이들 가운데 10만 명 이상이 삶의 터전을 찾아 다시 연해주, 한국으로 돌아왔다.

연해주에 씨 뿌릴 땅은 넓었지만 시장은 좁았다. 콩은 쑥쑥 컸지만 그걸 사줄 소비자가 없었다. 한국에는 정착해 살 수가 없었다. 러시아로, 중앙아시아로 몇 세대에 걸쳐 여러 나라를 떠돌았던 고려인들은 조선인만큼 한국어를 잘하지 못했다. 연해주에서 생산한 것을 한국의 소비자한테 팔아 현지에 일자리를 만들 필요가 있었다. 동평기금의 활농가들은 한국의 사단법인 동북아평화연대와 함께 연해주 콩 제품 판매법인을 설립했다. 그것이 사회적기업인 ㈜바리의꿈이다.

바리의꿈이 한국의 소비자한테 유기농 콩 제품을 판매한 수익금이 연해주로 돌아오면서 막막한 광야와 빈 집뿐이던 고려인마을에 돈이 돌기 시작했다. 일거리도 늘었다. 먼저 재이주한 고려인들은 중앙아시아에 남아 있던 친지와 친구를 "중국에서 옷 떼다 파는 일보다 낫다"고 하며 불러들였다. 동평기금이 지원하는 고려인마을은 6곳으로, 생산 가구는 50곳으로 늘었다. 이들은 일주일에 한 번씩 모여 이러저러한 현안을 토론하고 함께 결정한다. 동평기금 사무처장 출신인 김현동 바리의꿈 대표는 협동조합 전환에 대비해 조직을 민주적이고 자주적으로 운영하는 훈련을 하고 있다고 말했다.

"러시아의 법인 연해주 동북아평화기금, 한국의 사회적기업 바리의꿈이 동시에 각국에서 협동조합으로 전환하는 길을 모색하고 있습니다. 2004년부터 본격적으로 진행되었던 농업 지원 사업이 2009년에 한 단락을 맺으면서 방향을 정할 필요성이 생긴 것이지요. 러시아의 사회주의적 공동소유 방식이 무너지면서 급격하게 사유화가 진행되고 있거든요. 앞으로 저희는 동평기금과 바리의꿈 활동이 동북아 협동경제의 모델이 될 것이라 기대합니다. 협동 단체들이 생산수단을 함께 소유하면서 이를 경제적으로 경영하고 관리하는 협동경제 활동이 동북아시아로 퍼지길 바라고 있어요."

이들의 비즈니스는 해체되었던 사회적 자본(Social Capital)을 모으고 새로운 사회적 자본을 만들어낸다. 동평기금은 연해주 고향마을에 콩 농장을 운영하면서 구 소련에 의해 강제이주 당해 해체되었던 고려인 공동체를 재건한다. 바리의꿈은 비행기로 2시간 반 거리의—북한 하늘을 거쳐 날아간다면 1시간 거리의— 연해주의 생산자와 한국의 소비자를 이어 거래를 만들어낸다. 동평기금은 결속을, 바리의꿈은 연계를 만들어낸다.

하버드대 케네디행정대학원의 로버트 D. 퍼트넘 교수에 따르면 '결속형 사회적 자본'은 사적 사회적 자본이다. "나와 같은 특성을 지닌 사람들, 예컨대 학연·혈연·지연 등으로 묶인 사람들 사이에서 형성되는 것으로 내부 지향적이며 네트워크의 배타적 정체성과 동질성을 강화하는 경향"이 있다. 연계형 사회적 자본은 공적인 사회적 자본이다. "외부 지향적이며 다양한 사회적 계층을 망라하는 사람들 사이에서 정체성과 호혜성의 네트워크를 만들어내는데, 공동의 대의명분을 가진 운동에 참여한 경우가 그 전형적인 사례"다.

사회적 자본을 풍부하게 만드는 것은 선물이 되는 비즈니스의 특징이다. 이런 비즈니스는 사람에 대한 신뢰를, 관계를 선물한다. 특히 소셜 비즈니스는 공동의 문제를 제기하면서 연대와 협조를 끌어낸다. 또, 문제를 좀 더 효과적이고 효율적으로 줄일 방법을 제안하고 제도적 효율성을 높인다. 다양한 사회적 계층을 망라해 사람들 사이에서 호혜의 네트워크를 만들어낸다. '개인들 사이의 연계(connections), 그리고 이로부터 발생하는 사회적 네트워크, 호혜성(reciprocity)과 신뢰의 규범'. 퍼트넘 교수가 정의한 사회적 자본이다. 말이 좀 어렵다. 뉴욕 양키스의 요기 베라 감독의 말이 좀 더 쉽다.

"네가 다른 사람의 장례식에 가지 않으면, 다른 사람들도 네 장례식에 절대 안 와."[39]

일단, 결속 혹은 연계가 있어야 장례식에 초대된다. 내 친지 장례식에 온 사람이 죽었을 때 그의 장례식에 가는 건 호혜다. 그런 일이 내가 죽었을 때도 일어날 것이라고 예측하는 건 신뢰다. 그걸 확신하게 해주는 게 사회적 규범이다. 사회적 규범은 관습일 때도 있고 법이나 제도일 때도 있다.

개인이든, 한 사회든, 사회적 자본이 줄어들면 문제 해결이 어려워지거나 문제가 발생한다. 극단적인 예가 채무에 쫓겨 도피 중인 노숙인이나 가출청소년이다. 가족이나 지인들과 연계가 끊기고 사회 보호망에서도 벗어나면 질병, 폭행 같은 문제가 발생해 생존에 위협을 받게 되어도 해결할 길을 찾을 수 없게 된다. 이런 개인이 수만 명, 수십만 명으로 늘면 사회 문제가 된다. 개인은 인간다운 삶을 누리기 힘들어진다.

이럴 때 개인들은 살아남기 위해 스스로 어둠의 사회적 자본을 만들어낸다. 빈집털이 소년들의 공동체, 마피아 같은 것들이다. 이러한 어둠의 사회적 자본이 늘어난 사회에서는 복지, 치안 등 사회 비용 부담이 늘어난다. 이탈리아 남부 등 마피아가 번성하는 지역에서 그런 현상이 나타났다. 이 때문에 이탈리아 북부와 달리 남부에서는 사회적기업 · 협동조합 · 비영리단체 같은 사회적 자본이 크게 발달하지 못했다. 마조리 켈리의 표현을 다시 빌자면 '생성적인' 사회적 자본이 착취적 사회적 자본 때문에 뿌리 내리지 못하는 것이다.

'생성적인' 사회적 자본들은 사회 공동의 문제를 해소한다. 한국 사회에는 다행히 많은 사회적기업 · 협동조합 · 비영리단체들이 어둠 속의 사람들에게 햇빛 같은 역할을 하고 있다.

비영리민간단체이자 사회적기업인 빅이슈코리아는 끝내주는 잡지를 판다. 빅이슈를 파는 판매원, 소위 빅판이 되면 홈리스로서

---

39) 로버트 D. 퍼트넘. 《나홀로 볼링》 재인용.

의 노숙을 끝낼 수 있다. 2일간의 교육과 15일간의 임시빅판을 거쳐 빅판이 된 홈리스는 고시원이나 쪽방을 배정 받는다. 하루 소득의 절반은 저축한다. 그렇게 6개월이 지나 전세금이 모이면 임대주택에 들어간다. 이 과정에서 노숙하느라 없어졌던 주소지가 부활하면서 이들에겐 주민등록증이 다시 생긴다. 사회복지망이 다시 가동된다. 다른 빅판, 빅이슈 직원과 자원봉사자 등 사회적 네트워크도 생긴다. 공을 찰 줄 알면 '홈리스 월드컵' 선수로 발탁돼 외국 바람도 쐬고 돌아올 수 있다.

사회적기업 ㈜유유자적살롱은 은둔형 외톨이─이 회사가 '무중력 청소년'이라 부르는─들에게 음악을 선물한다. 상처와 고민 속에서 학교를 그만두고 혼자가 됐던 아이들은 밴드 활동을 하면서 그 자신도 남과 다르기에 다른 이의 남다른 모습을 있는 그대로 받아들여주는 선생들, 동년배들을 만난다. 자신답게 사는 방식을 스스로 터득한다. 유자살롱은 무중력 청소년의 사회복귀 프로그램 '집밖에서 유유자적 프로젝트', 프로젝트 관계자들의 공연팀 '유자사운드', 직장인을 위한 음악 교육 프로그램 '직딩예술대학' 등 다양한 프로그램을 통해 사회적 자본을 쌓는다.

'요리로 사람 키우기'가 목표인 오가니제이션 요리(이하 오요리)는 홍대 앞 맛집 '슬로비'라는 브랜드로 유명하다. 이곳은 비영리맛집이다. 수익은 청소년 요리학교 '영셰프스쿨'의 운영비로 지원된다. 이 과정의 수료생에게는 오요리에서 일하며 더 훈련 받을 기회는 물론, 카페슬로비 체인점을 경영할 기회도 주어진다. 한영미 오요리

대표는 "가족의 응원도, 가진 것도 없는 사람들이 포기하지 않으려면 곁에서 다른 사람들이 지속적으로 받쳐줘야 한다"고 말했다. 이것이 사회적 자본의 긍정적 역할이다. 한 대표의 말이다.

"약자들이 모이면 강해질 수 있어요. 어떤 문제든 혼자 해결하기는 어려워요. 같이 모이면 더 빨리 해낼 순 없어도, 문제 해결의 또 다른 에너지를 만들어낼 순 있어요. 개개인에겐 누구나 약한 고리(결점)가 있어요. 개인들의 약한 고리는 연대를 통해 강한 고리가 돼요."

어떤 회사는 사회적 약자가 되기 전에, 즉 사회적 자본을 잃기 전에 개입한다. 약자를 만드는 체제를 바꾸고자 정책을 제안한다. 규범을 새로 만드는 것이다. 서민을 위한 재무설계, 경제교육을 제공하는 에듀머니 제윤경 대표의 이야기를 들어보자.

"빚도 땡처리 돼요" 약자를 위한 정보와 정책을 제시하는 회사

제윤경 에듀머니 대표가 재무설계 전문가이자 베스트셀러 《아버지의 가계부》의 작가로 더 유명하던 시절, 2007년의 일이다. 당시 그는 모 방송사의 '잘 살아보세'라는 프로그램에서 저소득가정을 방문해 상담하고 가족공동체가 회복할 길을 찾아주는 코너에 고정 출연하고 있었다.

방송 중 그는 방 1칸에 일곱 식구가 사는 집을 알게 됐다. 당시 40대 중반이었던 이 집 가장은 한때 잘 나가던 문구 도매상이었다.

1997년 외환위기 때 사업이 망한 후 은행 등 채권자한테 시달리던 가장은 "월 90만 원 이상 벌면 소득추정이 들어와서 은행에 다 뺏긴다"고 믿고 있었다. 그래서 당장 이직이 가능한데도 월 120만 원 벌 수 있는 일자리로 가지 않고 있었다.

"상담을 시작했는데 그분이 죄진 사람처럼 고개를 푹 숙이고 땅바닥만 보고 있어요. 답답했어요. '아버님, 빚도 땡 처리 돼요' 했죠. 은행은 이미 채권을 부실처리 했을 거다, 이렇게 된 게 아버님 책임이 아니다, 여태껏 열심히 살았는데 그 정도 혜택을 받는 건 괜찮다고요. 그랬더니 그분이 고개를 들어요. 눈을 맞추기 시작해요."

그는 방송을 진행하면서 가난한 집들의 사연을 더 많이 알게 되었다. 아버지들은 채권추심 공포에 사로잡혀 있었고, 어머니들은 울고 있었다. 그런 집 아이들을 심리상담하면 극단의 우울증이라는 진단이 나오곤 했다.

"사람이 채무 독촉을 당하기 시작하면 바보가 되어요. 하루에도 수십 번 전화가 오죠, 악인 취급 당하죠. 그런 일을 당하고 있자면 죽기 아니면 바보가 되는 수밖에 없을 것 같이 느껴져요. 그게 다중 채무자의 현실이에요."

그는 그런 가정에 워크아웃, 파산 등 여러 회생책을 알려줬다. 빚을 다 갚지 않고 수입 수준만큼 갚을 수 있다는 사실도 전해줬다. 그런 얘기를 듣자 사람들이 달라졌다. "다 큰 어른이 적금 타고 꺼이꺼이 우는 걸 보면서" 그는 더 많은 사람들이 돈의 구속과 압박으로부터 자유로워지게 하는 길을 생각하게 되었다. 그해, 그는 《아버지의 가계부》를 판 돈, 1,500만 원으로 차렸던 에듀머니를 5,000만 원으로 증자하고 서민을 위한 재무상담을 시작했다. "서민중산층 가계, 이 사람들 편에 서서 정보를 주고 싶었다."

여기까지만 했다면 에듀머니와 제윤경 대표는 그저 '착한' 재무상담업체가 되었을 것이다. 이들은 다른 회사들과 좀 다른 길을 걷기 시작했다. 재무상담에만 그치지 않고 시민 교육과 언론 캠페인에 나섰고 문제의식이 같은 사람들을 모아 좀 더 시스템적인 대안을 만들어냈다. '재무주치의' 교육 프로그램을 만들어 서민 편에 서서 재무상담을 하는 '제2의 제윤경'을 양성했다. 이헌욱 변호사와 함께 《약탈적 금융사회》라는 책을 펴내 "빚을 갚으려고 애써도 갚지 못하는 것은 나 개인의 문제가 아니라 전 사회적인 문제"라고 설파했다.

2012년 이후, 에듀머니와 제 대표의 활동영역은 더 넓어졌다. 채무자 시민단체 '빚을 갚고 싶은 사람들'(빚갚사)의 결성을 추동했고, 채무자 지원을 목적으로 하는 사단법인 희망살림의 설립을 도왔다. 제 대표는 희망살림의 상임이사를 맡았다. 2013년 7월에는 제 대표가 서울시 희망온돌 시민기획위원회 위원으로서 자문한 금융복지지원센터 6개소가 열렸다. 전문상담사들이 상주하면서 과도한 채무 조정 등 종합적인 금융·복지 상담을 지원하는 이 센터는 출범 후 3개월 남짓한 기간 동안 2,200명에게 상담을 제공했다. 그중 절반은 저소득층이었다.

그동안 에듀머니가 창출한 사회적 가치를 묻자 제 대표는 금융복지지원센터를 만든 일부터 얘기했다.

"법원이 센터에서 제기하는 파산, 면책을 유연하게 받아들여주면서 센터에서 실질적인 구제가 일어났어요. 임대아파트, 일자리를 얻어 가는 사람들도 있었대요. 채무 독촉으로 자살, 노숙인으로 내몰릴 뻔한 사람들이 구제되고 있는 거죠. 이런 정책 변화를 일으킨 게 재무상담, 교육보다 사회적 가치가 더 컸다고 봐요."

사회적 파급력은 컸다. 금융복지지원센터를 도입한지 서너 달도 지나지 않아 공공 부문에서 유사한 지원 체제를 제도화하겠다는 발표가 잇따랐다. 민주당은 이 센터 같은 기구를 다른 지방자치단체로 확산시키겠다는 내용의 '채무힐링센터 표준조례안'을 발표했다. 금융위원회는 지자체 복지 담당 공무원과 계약직 2,100여 명으로 구성된 '희망복지지원단'을 통해 이 센터 같은 서비스를 제공하기로 했다.

일반 비즈니스의 관점으로 보면, 이건 좀 이상한 일이다. 재무상담은 에듀머니의 수익원 중 하나다. 지자체, 정부가 그 일을 하면 에듀머니는 잠재적 고객을 잃는다. 그런데 왜 제 대표는 정책화를 건의했을까. 그가 사회적기업가이기 때문이다. 사회적기업가들은 사회적 자본이 부족한 곳에서 새로운 규범을 제안하면서 사회적 자본을 형성한다. 물론, 문제가 해결되면 기존의 수익원은 사라진다. 그러나 새로운 수익원이 생긴다. 에듀머니의 수익원이 재무설계에서 전문가 육성과 경제교육으로 중심을 이동하고 있는 것처럼 말이다.

소셜 비즈니스와 사회 운동은 동전의 양면이다. 둘 다 문제 제기에서 출발한다. 한 사람이 자신의 고통을 말한다. 거기에 다른 사람이 '나도 그래' 공감하면 위로가 된다. 그런데 그 고통을 일으키는 문제를 인식하고 '우리 같이 그 고통을 줄여보자'고 나서면 연대가 된다. 문제를 해결하는 게 경제 행위일 때는 소셜 비즈니스가 만들어지고, 사회 제안이 될 때에는 정책이 만들어진다. 예를 들자면, 한 사람이 과다한 빚으로 허덕이고 있을 때 상담료를 받고 개인 재무구조를 바꿔주는 것은 소셜 비즈니스 모델이고, 하우스 푸어 대책을 정부에 제안하는 것은 제도화다.

어떤 문제 제기가 사회를 바꿀 정도로, 법과 제도를 바꿀 정도로 힘이 있으려면 양쪽 모두 강력해져야 한다. 어떤 대안의 문제 해결력을 검증하는 데에는 소셜 비즈니스가 효과적이고, 파급력을 높이는 데에는 정책 제안이 효과적이다. 자본의 속성은 쌓일수록 힘이 커진다는 데 있다. 사회적 자본 역시 쌓일수록 힘이 커진다. 더 많은 사람들이 참여하게 만들려면 많은 사람들이 공감하는 '문제 제기'가 필요하다. 새롭게 나타나는 수많은 사회 문제를 해결하려면 자조적이고 자발적인 사회적 자본 형성이 필요하다. 퍼트넘 교수의 말처럼, "문제의 이름을 붙여주는 일이 문제와 맞서는 첫 단계이다."

III

산타 회사 만들기

GIFT ECONOMY

밥벌이의 지겨움을 넘어
: 우리한테 필요한 선물은 무엇인가

기업가정신은 경제와 사회에 대한 이론에 기초를 두고 있다. 이론은 변화를 정상적인 것으로, 그리고 정녕 건강한 것으로 받아들인다. (중략) 예컨대 교육이란 통상적으로 '경제적인 것'으로 간주되지 않는다. 그러나 교육자원은 물론 경제적인 것이다. 인간의 모든 사회적 활동을 위한 자원은 모두 같으며, 또한 '경제적'인 자원들이다. (중략) 기업가정신이라는 용어가 원래는 경제적인 것으로부터 출발했지만 그것은 결코 경제 영역에만 한정된 것이 아니다. 기업가정신은 인간의 모든 활동영역에서 구현될 수 있다. '사회적(social)'이라기보다는 '실존적(existential)'이라는 말로 표현할 수 있는 그런 것들을 제외하고.

_피터 드러커, 《기업가 정신》 한국어판에서 저자가 재구성.

1장에서 어떤 회사가 자기 자신과 다른 이에게 선물이 되는지, 2장에서는 그런 회사들의 특징이 무엇인지 살펴보았다. 이제 이미 창업한 사람들의 말과 경험을 종합해 어떻게 그런 회사를 만들지에 대해 말하려 한다. 그 전에, 선물이 되는 비즈니스를 왜 만들어야 하는지부터 이야기해야겠다. 그건 '밥벌이'로부터 시작해야 하는 이야기다.

잊히지 않는 일화가 있다. 채수선 셈크래프트 대표를 우연히 만났다. 대학로 아름다운헌책방에서 열렸던 '머니투데이와 함께 하는 아름다운토요일' 바자였다. 근처를 지나다 들렀다는 채 대표의 얼굴이 까칠했다. 낯빛도 검었다. 건강을 물었다. 한동안 안 좋다가 치료 받으면서 많이 좋아졌는데 피곤하단다. 기력이 없어서 그런지 현금인출기가 터치스크린 방식이면 버튼이 눌리지 않는다고 말했다. 기계가 그의 손가락을 인식하지 못했다.

"몸이 쉬라는 신호를 보내나봅니다. 좀 쉬실 때가 되지 않았나요?"

"쉬어야죠. 그런데 쉴 틈이 안 생겨요. 낮엔 찾아오는 사람도 많고, 찾아가서 만나야 할 사람도 많고. 뭣 좀 생각할 것이나 꼼꼼히 할 일이 있으면 밤에 해야 하는데, 그러다 보면 새벽이에요. 한 서너 시간 자나. 아침엔 애들 밥 해 먹여야 하죠. 애들 밥 못 굶겨요. 애들이 그것 때문에 우리 집에 오는데."

셈크래프트는 서울시 도봉구 쌍문동에 있는 장애인 작업장이다. 낮은 울타리 너머 안마당엔 살구나무가 있고 회색 칠을 한 벽과 흰 현관문, 피라미드 모양의 지붕이 동화 속 집 같은 전형적인 3층짜리 가정집이다. 집주인인 채수선·손승렬 부부는 이 예쁜 집을 완공하고 1년 뒤인 2006년, 미혼의 두 딸을 내쫓아 버렸다. 어머니 채수선 씨가 딸들에게 "여긴 공장 차려야 한다. 나가 살아라" 했다. 당시 23세, 28세였던 두 딸은 집을 떠나 근처에 전셋집을 얻어야 했다.

그 집에 장애인 직원들이 들어가 수제 비누를 만들었다. 비누는 좋았다. 셈크래프트 곡물비누를 쓰고 연극배우 신철진은 머리카락 빠지던 게 멈췄다고 했고, 미백비누를 써본 비행기 승무원들은 화장까지 지워진다며 신기해했다. 윤리적 쇼핑몰 이로운몰과 머니투데이가 이 사연을 전하면서 비누 매출이 늘었고, 12명이던 장애인 직원은 16명까지 늘었다. 일반 기업의 이야기라면 대단한 성공담은 아닐 수도 있겠다. 하지만 이게 한 사람의 삶에 대한 이야기라면 다르다.

늦도록 일하다 잠든 어느 새벽, 채 대표는 문득 눈을 떴다. 장애인 직원 한 명이 머리맡에 웅크리고 앉아 그를 바라보고 있었다. 시계를 봤다. 아침 6시 반. 채 대표는 일어나 쌀을 씻었다.

"걔는 눈꺼풀만 벌어지면 우리 집에 와요. 배고파서 오는 게 아니라 그냥 오는 거예요. 다른 애들도 출근시간 되기 전에 와요. 우리 집에 오기 전에는 만날 집 안에 앉아 벽만 보고 있던 애들이에요. 집 밖에 나가면 장애인이 되니까. 근데 우리 집에 와서 저희들끼리 모이면 그게 아니거든. 그게 좋으니까 새벽이든 아침이든 그냥 눈 뜨면 오는 거예요. 애들 밥 챙겨주는 것도 큰일이라니까."

일 이야기를 하면서 채 대표의 피곤한 낯에 어떤 기운이 돌았다. 다른 사람들을 책임지는 사람 특유의 힘이 느껴지는 기운이었다. 그런 이들은 자신을 필요로 하는 사람들한테서 힘을 얻는다. 채 대표한테는 그게 직원들이다. 그에게 셈크래프트 운영은 밥벌이이자 직원들에게 밥벌이를 주는 일이다. 사회의 다른 사람들이 보기에는 소위 '취약계층'에게 일자리를 만들어주는 일이다. 사회복지비용을 줄이는 일이기도 하다. 사회적 밥벌이다.

세상 많은 사람들한테 밥벌이는 지겹다. 고단하다. 그렇다고 돈이 많이 벌리는 것도 아니다. 딱 먹고 살 만큼, 때로는 그것도 어려울 만치 적은 돈을 버는 데도 힘이 든다. 빚이라도 지면, 일상은 더 고단해진다. 내일을 대비할 만큼 넉넉히 버는 사람들이라고 해서 밥벌이의 지겨움이 덜한 건 아니다. 때로는 밥벌이를 위해 진짜 자기가 하고 싶은 일을 포기한다. 그런 사람들은 은퇴 이후의 삶을 꿈꾸며 현재의 지겨움을 견뎌낸다.

채 대표처럼 이타적인 비즈니스를 하는 사람들한테도 그 일은 밥벌이다. 밥벌이는 힘든 일이다. 게다가 사회적 미션으로 하는 창업은 대개 큰 돈벌이는 되지 못한다. 경제적 가치를 창출한다고 해도 대부분 그건 사회적 가치로 환원하는 데에 쓰이기 때문이다. 대부분의 소셜 비즈니스 창업가들은 먹고 살 정도 번다. 그라민처럼 사업이 잘 되어 큰 수익을 내는 경우가 드물게 있기는 하다. 이런 비즈니스의 창업가들은 수익을 자기 사명 혹은 다른 소셜 비즈니스에 재투자한다. 그렇게 하지 않으면 사회적 가치가 재창출되지 않으므로 소셜 비즈니스라 할 수 없다.

밥벌이 정도 하는 일인데도, 자신의 부를 늘리는 일이 아닌데도 이들은 '지겹다'고 말하지 않는다. 비즈니스의 미션이 곧 자기 삶의 미션을 이루는 일이니까. 지루할 수는 있다. 어떠한 것이든 미션을 이루는 여정은 길다. 지루하더라도 그 길에는 자기 성취의 희열이 있다. 그건 예술가나 과학자, 장인의 삶을 선택한 사람들이 느끼는 것과 비슷하다.

무하마드 유누스가 말했듯, 소셜 비즈니스는 진정으로 '자기 자신'이 되고 싶어 하는 마음을 바탕으로 한다. 돈을 버는 일과 다른 사람을 행복하게 하는 일이 서로 충돌하지 않는다. 밥벌이의 지겨움으로부터 벗어나는 것, 진정한 자기 자신으로 사는 것. 이것이 소셜 비즈니스를 하는 사람—창업을 하든, 취직을 하든—이 누릴 첫 번째 혜택이다.

두 번째 혜택은 희열이다. 소셜 비즈니스는 다른 사람의 삶을 바꾸고 산업 혹은 사회의 지형을 바꾼다. 그것은 창업가에게 대단한 희열을 준다. 그러나 그 희열은 뜻밖에도 짧다. 혁신의 과정은 지루하고 고단하다. 본론으로 들어가기 전에 하고 싶은 이야기는 이것이다. 순간의 희열 밑바닥에는, 정도는 다를지라도 반복해서 오는 지루함과 고단함이 있을 것이다. 그 한계를 뛰어넘었던, 우리에게 성공한 사람으로 보이는 창업가들은 대부분 '성실'을 지팡이로 삼았다.[40]

다시 소셜 비즈니스 창업 애기로 돌아가겠다. 성과를 이뤄낸 사람들이 한 일은, 다시 한 번 말하지만, 성공한 기업가들이 한 일과

---

40) 이 글에는 원문이 있다. 고철환 서울대 해양생물학과 명예교수가 1990년 호남정유 사보에 쓴 글이다. "어느 직업이나 순간의 희열 밑바닥에는, 비록 그 정도는 다르지만 반복해서 오는 지루함이 있었을 것이다. 그러나 그 세계를 뛰어넘었던, 우리에게 프로처럼 비치는 사람들의 대부분은 '성실'을 프로의 도구로 사용했음이 그래도 가장 중요하게 취급될 수 있으리라."

다르지 않다. "경제적 자원을 생산성과 수익성이 더 낮은 곳에서부터 더 높은 곳으로 이동시키기."[41] 많은 기업가들이 구루로 여기는 피터 드러커는 "기업가정신이라는 용어가 원래는 경제적인 것으로부터 출발했지만 그것은 결코 경제 영역에만 한정된 것이 아니다"라고 했다. "인간의 모든 사회적 활동을 위한 자원은 모두 같으며, 또한 '경제적'인 자원들"이기 때문이다. 일반 비즈니스와 소셜 비즈니스가 다른 점은 '경제적' 생산성과 수익성보다는 '사회적' 생산성과 수익성을 높이는 데에 기업가정신이 쓰인다는 것이다.

우리 앞에는 기업가정신이 필요한 공동의 과제가 많이 놓여 있다. 그것은 정부나 시장이 이미 실패한 곳, 혹은 정부도 시장도 눈여겨보지 않는 문제다. 이를테면 이런 것들이다. 먼저 한국 사회를 보자.

◇ 사람들을 살맛나게 만들기

한국의 자살률은 인구 10만 명당 30명으로, 경제협력개발기구(OECD) 소속 국가 중 1위다. 자살률이 가장 낮은 그리스(3.4명)와 비교해도 약 9배에 이른다. 경제위기로 구제금융을 받은 나라보다 한국이 살기에 괴로운 나라라는 뜻이다.

◇ 교육비 부담 낮추기

이것 또한 한국이 OECD국가 중 1위다. 한국의 민간인이 초·중·고 및 대학교육 등 공교육비를 부담하는 '공교육비 민간부담률'은 2.8%로, OECD 평균인 0.9%의 세 배를 넘는다. 학원비 등 사교육비가 제외된 수치다. 즉 사교육비까지 포함하면 한국인의 교육비 부담은 선진국 최고 수준일 것으로 추정된다.

◇ 가난한 노인들을 위한 대책

한국의 만 65세 이상 노인층 빈곤율은 45.1%로, OECD국가 중 1위다. OECD 평균 13.5%보다 3배 이상 높다. 반면, 공공사회복지지출 중 노인복지 지출비중은 1.7%로 멕시코(1.1%) 다음으로 낮다. 설상가상으로 한국의 고령화 속도 또한 OECD국가 중 1위다. 앙헬 구리아 OECD 사무총장은 한국이 지금은 OECD국가 중 세 번째로 젊은 나라지만 2050년엔 일본 다음으로 늙은 나라가 될 것이라며, 고령화가 노인빈곤과 사회지출을 한꺼번에 증가시킬 위험이 있다고 경고했다.

◇ 복지예산의 한계를 극복할 복지비용의 혁신

한국의 국내총생산 대비 공공사회복지지출 비중은 9.4%로 멕시코(8.2%) 다음으로 낮다. 즉, OECD국가 중 꼴찌에서 2위다. OECD 평균은 22.1%다. 그러나 현재의 복지 수준을 유지한다고 해도 인구 고령화 때문에 복지지출은 늘 수밖에 없을 것이다. 여기에 경제가 저성장 국면으로 접어들면서 세수는 줄어들 수밖에 없다. 일본처럼 사회복지 지출은 늘어나야 하는데 지출할 수 있는 예산은 줄어

---

41) 1800년 경 프랑스 경제학자 J.B 세이가 정의한 기업가(entrepreneur). 피터 드러커, 《기업가정신》에서 재인용.

들어 복지가 축소되는 사태가 벌어질 수 있다. 세수 확보와 함께, 복지비용에 혁신을 일으켜야 이러한 한계를 극복할 수 있을 것이다.

◇ 지금보다 적게 일하고 더 많은 사람을 고용하기

한국인의 연간 노동시간은 2090시간으로, OECD국가 중 2위다. 일본(1728시간)보다 362시간, 미국(1704시간)보다 386시간 길다. 반면 15~64세 인구의 고용률(OECD 기준)은 65%로, 일본(71.6%)보다 6.6% 포인트 낮고 경제위기 속의 미국(67.5%)보다 2.5% 포인트 낮다.

◇ 사회 갈등 낮추기

한국의 사회 갈등은 OECD국가 중 4위다. 분쟁지역인 터키·폴란드·슬로바키아 다음으로 높다. 한국은 이념 갈등, 지역할거주의, 노사분규, 대형국책사업이 일으키는 사회 갈등이 높다. 삼성경제연구소는 한국의 사회 갈등이 연간 82조~246조 원의 경제적 비용을 일으키고 있다며 갈등 수준이 OECD 평균 정도로만 개선되더라도 1인당 국내총생산이 7~21% 증가하는 효과가 나타날 것으로 분석했다.

◇ 여성의 경제활동과 출산율 높이기

한국 여성의 경제활동 참가율은 54.9%로, OECD국가 중 꼴찌에서 5등이다. OECD국 평균은 61.8%다. 한편, 한국 여성 1명의 평생 출생아 수, 즉 합계출산율은 1.3명으로 OECD국가 중 꼴찌에서 2

위다. OECD국가 평균은 1.7명이다. 현대경제연구원은 OECD국가에서는 여성의 경제활동참가율이 높을수록 출산율도 높다며 한국의 여성 경제활동참가율을 10% 포인트 높이면 현재 1.3명 수준인 합계출산율을 1.42~1.49명으로 늘릴 수 있다고 분석했다. 이 와중에 버려지는 아이는 늘었다. 서울시 베이비 박스에 버려져 아동복지센터에 들어간 아기는 2012년 57명에서 2013년 190명으로 3.5배 가까이 폭증했다. 대개 미혼모가 혼자 키우기 어려워 포기하는 아기들이다. 미혼모는 한 해 6,000명~1만 명에 이르는 것으로 추정된다.

◇ 가계부채 줄이기.

한국의 가처분소득 대비 가계부채는 163.5%로 OECD 평균보다 27% 포인트 높다. OECD국가 중 7번째로 높다. 심지어 모기지 등 가계부채가 많아 경제 문제로 불거진 미국(119.6%)보다도 약 44% 포인트가 높다.

이번에는 인류 공통의 문제를 보자. 국제연합(UN)은 인류가 함께 해소해야 할 문제로 밀레니엄 개발 목표(MDG's)를 정했다. 8가지 목표와 21가지 세부목표의 내용은 이러하다.[42]

---

42) 지구촌빈곤퇴치 시민네트워크 사이트 http://mdgkorea.org/mdg_campaign/mdg.php 및 위키 백과 참조

◇절대빈곤과 기아퇴치

2015년까지 하루 1달러 이내의 소득으로 생활하는 사람들의 비율을 1990년 대비 절반으로 감소시킨다. 완전하고 생산적인 고용 및 여성과 청년층을 포함한 모두에게 '일다운 일자리(decent work)'를 제공한다. 2015년까지 기아로 고통 받는 사람들의 비율을 1990년의 절반 수준으로 감소시킨다.

◇ 보편적 초등교육의 달성

2015년까지 전 세계 모든 남녀 어린이들이 동등하게 초등교육 전 과정을 이수하도록 한다.

◇ 양성평등과 여성능력의 고양

2005년까지 초등교육과 중등교육에 대한 성별 불균형을 없애고, 2015년까지 모든 수준의 교육에서 성별 균형에 도달한다.

◇ 유아사망률 감소

2015년까지 1990년 기준 5세 미만 유아사망률의 2/3를 감소시킨다.

◇ 산모 건강의 증진

2015년까지 1990년 기준 산모사망률의 3/4을 감소시킨다. 모든 여성이 출산 시 건강관리를 받을 수 있게 한다.

◇ **HIV/AIDS, 말라리아 및 기타 질병 퇴치**

2015년까지 HIV/AIDS 확산을 멈추고 감소세로 돌려놓는다. 말라리아 및 다른 주요 질병의 발생을 막고 감소세로 전환시킨다. 2010년까지 HIV/AIDS 치료를 원하는 모든 사람들에게 보편적 접근권을 이룩한다.

◇ **지속가능한 환경보장**

지속가능 발전의 원칙을 국가 정책과 계획에 통합시키고 유실된 환경자원을 회복시킨다. 생물 다양성 손실을 줄이며 급속도로 진행되는 멸종율을 2010년까지 완화시킨다. 2015년까지 안전한 식수와 기본적인 위생 시설에 접근하지 못하는 인구 비율을 절반으로 줄인다. 2020년까지 빈민가에 거주하는 적어도 1억 명의 삶의 질을 향상시킨다.

◇ **개발을 위한 국제 파트너십 구축**

최빈국, 내륙국가, 소규모 도서개발도상국의 특별한 필요를 다룬다. 개방적이고 공정하며 예측가능하고 비차별적인 무역과 금융시스템을 더욱 발전시킨다. 개발도상국의 외채 문제를 포괄적으로 취급한다. 제약회사와 협력하여 필수의약품을 개발도상국에 적정가격으로 제공한다. 민간부문과 협력하여 개발도상국이 신기술, 특히 정보통신기술의 혜택을 누릴 수 있도록 한다.

이러한 지구촌 공동의 문제를 푸는 데에 소셜 비즈니스는 힘을 보탤 수 있다. 특히 주어진 자원으로 실현가능한 해법을 고안하거나 화폐경제와 비화폐경제를 융합해 투입 자원의 생산성과 사회적 이익을 높이는 데 있어 소셜 비즈니스는 효과적이다. 비화폐경제란, 자원봉사나 품앗이처럼 화폐로 지불되지 않는 경제활동으로 돌아가는 경제를 말한다.

예를 들어 개발도상국 질병 문제를 보자. 제약회사들은 개발도상국 풍토병 치료제를 개발하지 않거나 비싸게 판다. 수익성 때문이다. 그런데 미국의 비영리법인이자 사회적기업인 원월드헬스(One world health)는 남수단 등 저개발 지역 빈민을 괴롭히는 리슈만편모충증, 일명 흑혈병 치료제를 단돈 10달러에 보급했다. 기존 치료제 가격은 175달러였다. 원월드헬스는 '뜻 있고 능력 있는 연구자들'이라는 무상자원을 끌어와 저개발국 풍토병 치료제의 생산성을 높이는 데에 썼다. 헌신적 연구자들을 모아 약을 개발한 후 이 제조법을 현지 공장에 무상 이전하는 방식으로 치료제 가격을 파격적으로 낮춘 것이다.

화폐경제 안에도 자원은 생각보다 풍부하다. 세계의 부유한 국가들은 해외 원조로 매년 600억 달러가 넘는 자금을 할당하고 있다. 록펠러재단, 포드재단 등 대형재단들과 JP모건, TIFF-CREF 등 대형 투자자들은 2009년 기준으로 약 500억 달러의 자산을 마이크로크레디트, 공정무역 같은 소셜 비즈니스에 배분했다. 한국 정부는 한 해에 100조 원 가까운 돈을 복지 예산으로 쓴다. 사회적 경제의 규모도 상당하다. 사회적기업, 비영리단체의 경제행위에 대한 통계가 없으므로 협동조합 경제 규모만 보자. 세계 300대 협동조합 매출을 합하면 2조 달러에 이른다.

문제는 자원의 부족에 있는 게 아니다. 자원이 투입되는 시스템에 있다. 현재의 시스템에는 관료화, 부패, 비효율 등 수많은 버그(시스템 오작동을 일으키는 프로그램)가 깔려 있다. 우리가 제대로 돌아가는 시스템을 얻으려면 두 개의 도구가 필요하다. 사회·정치의 개혁, 경제적 효율성의 개선. 전자는 사회 운동의 영역이고 후자는 소셜 비즈니스의 영역이다. 생산성이 낮은 곳에 투입되던 자원을 더 높은 곳으로 옮기는 데에 성공하려면 더 많은 사람들이 기업가정신을 가지고 더 다양한 영역에서 나서야 한다.

미션 세우기
: 허리우드극장, 공신닷컴, 시지온 이야기

새벽의 단잠을 흔들어 깨울 만한 창업의 감동이 없다면 창업하지 않는 것이 좋다. 감동 없는 창업은 창업 후 새로운 일에 대한 감격과 감사가 없어져서 이내 창업주를 뼈까지 마르게 만든다. 창업의 감동이 없는 가장 큰 이유는 창업의 가치를 찾지 못했기 때문이고, 찾지 못한 것은 새벽에 일어나서 창업의 가치를 만들지 않았기 때문이다.

권민, 《아내가 창업을 한다》

미션과 비전은 다르다. 미션은 이루고 싶은 꿈같은 것이다. 꿈은 불가능이라는 어둠 속에서 태어난다. 한 사람의 평생을 다 바쳐도 이루기 어렵다. 예를 들어 그라민은행 설립자 무하마드 유누스의 미션은 이런 것이다.

"이 여정의 마지막 종착점은 새로운 형태의 자본주의와 인간의 이타심에 바탕을 둔 새로운 종류의 기업, 즉 내가 사회적기업(Social Business)라 부르는 것의 개념을 만들고 실현하는 것이다. 이 사회적기업은 기아, 노숙자, 질병, 공해, 무지와 같이 오랫동안 인류에 만

연해온 사회 · 경제 · 환경 문제들을 해결하는 데에 이바지하는 기업형태다."[43)

비전은 몽골 소년의 외침처럼 명확한 것이다. 오래된 농담이다. 지붕에 올라가 몽골 벌판을 바라보고 있던 소년이 외쳤다. "아버지, 삼촌 와요!" 사흘 후 소년의 삼촌이 왔다. 비전에는 두 가지 요소가 들어 있어야 한다. '언제까지' '무엇을 이룬다'는 내용이다.

그런데 대개의 소셜 비즈니스 창업가들이 미션은 빈약하게 세우고 비전은 크게 그린다. 때로는 미션과 비전을 혼동하기도 한다. 실현 가능한 비전을 세우려면 몽골 소년 같이 탁 트인 시야를 가진 리더와 그 리더를 지붕에, 즉 높은 자리에 올리는 팔로워들이 필요하다. 팔로워는 리더가 제시하는 미션이 벽이라도 뚫을 듯 분명할 때, 미션을 달성하려는 열정이 다른 이들의 마음을 데울 만큼 뜨거울 때 움직인다.

미션이 분명한 창업가들은 크게 세 가지 경로를 통해 자신과 사업체의 미션을 얻는다. 첫 번째 유형의 창업가는 자신의 경험, 즉 살아온 인생이 주는 메시지를 미션으로 삼는다. 두 번째 유형은 자신이 가진 남다른 것―능력, 네트워크 등―을 나누는 것에서 시작한다. 세 번째 유형은 사회 문제를 분석해 창업팀이 함께 도전할 만한 미션을 세운다.

---

43) 유누스, 《사회적기업 만들기》 중

내 삶의 경험에서 남은 생의 미션을 얻다

김은주 (주)허리우드극장 대표는 극장사업을 하다가 우연의 연속으로 사회적기업가가 됐다. 한국전력, 외환카드 마케팅팀에서 일하던 그는 외환위기 때 주변 극장 사장들의 제안으로 영화 홍보 일을 하게 됐고, 서울 서대문의 드림시네마의 기획 마케팅 총괄자로 발탁됐다. 이때 발휘한 수완으로 30대의 젊은 나이에 스카라극장의 대표가 된 그는 스카라극장이 건물 재개발로 문을 닫게 되자 드림시네마 대표를 맡았다.

2007년, 이번에는 드림시네마가 건물 재개발로 문을 닫게 됐다. 그는 배짱 두둑하게 큰일을 저질렀다. 자신이 가장 사랑했던 영화 <더티댄싱>을 재개발까지 무기한 상영하기로 한 것이다. 이 한 편의 영화를 위해 스크린과 음향시설까지 바꿨다. 주인공의 마지막 '점프'를 관객들한테 제대로 보여주고 싶어서 1억 원을 새로 투자했다. 처음 개봉했을 때처럼 붓으로 그린 영화 간판을 걸고, 관람료도 당시 가격으로 3,500원을 받았다.

반응은 폭발적이었다. 600석짜리 단관 영화관에 한 달 동안 1만여 명의 관객이 들었다. 부산에서 온 노부부는 김 대표한테 고맙다며 2만 원을 쥐어줬다. 광주에서 온 할아버지는 "염치없지만 이런 자리를 자주 마련해달라"고 했다. 마침 극장 재개발이 미뤄졌다. 건물주는 얼마 후 건물을 재개발하지 않겠다고 했다. 김 대표는 드림시네마를 고전영화 재개봉관 '서대문 아트홀'로 변신시켰다.

숨어 있던 고객들이 찾아왔다. 대부분 노년층이었다. 동년배와 함께 추억이 담긴 영화를 보면서 어르신들은 청년으로 돌아갔다. 김 대표는 극장을 아예 실버 전용관으로 바꿨다. 5억 원을 대출 받아 상영관 설비를 새로 들여 놨다. 또, 종로 한복판에서 죽어가던 300석짜리 허리우드극장 한 개 관도 인수해 실버 전용관을 만들었다.

노년 관객층의 주머니 사정을 고려해 영화관람가는 2,000원을 받았다. 멀티플렉스가 영화 한 편의 관람가를 8천 원~1만 원으로 올렸을 때에도 가격을 고수했다. 대신 노인을 위한 광고를 유치해 영화 상영 전에 틀었다. 실버영화관의 2012년 객석 점유율은 58.8%로 멀티플렉스 평균인 30~40%보다 훨씬 높았다.

그러던 2012년 7월, 그는 길게 길렀던 머리카락을 밀었다. 주변 여건이 좋아지자 건물주는 이전의 약속을 어기고 건물 재개발을 강행했다. 노인 1만 명이 극장을 지켜달라며 서명 운동을 벌였지만 이미 극장 폐관을 막을 수 없는 상황이었다. 김 대표는 "내가 그렇게라도(삭발이라도) 해야 이런 일이 또다시 벌어지는 걸 막을 수 있을 것 같았다"고 했다.

수완 있는 마케터는 어쩌다 삭발까지 하는 운동가가 됐을까. 그는 2010년 어느 날의 일화를 들려줬다. 한 60대 관객이 그에게 점심을 같이 먹자고 졸랐다. 마침 그는 임대료 3개월 치에 직원 급여까지 밀려 친구에게 돈 꿔달라고 부탁하기 위해 극장 바깥으로 나서던 길이었다. 바빠서 안 되겠다고 하자 노인은 이유를 꼬치꼬치 묻더니 그를 기어이 식당으로 끌고 갔다. 잠시 화장실 다녀오겠다던 노인은 다시 나타나 봉투를 건넸다. 3,000만 원이 들어 있었다. 노인은 그 돈에 아무런 조건도 달지 않았다.

사회에서는 '찬밥 신세'였던 노년층 관객들에게 김 대표가 만든 공간은 단순히 영화를 보는 곳이 아니었다. 여기서 그들은 어엿한 관객, 즉 소비자로 대우 받았다. 또는 가치의 생산자가 됐다. 허리우드극장 직원들은 전원이 만 60세 이상 고령자다. 자원봉사자들도 노년층이다. 하루 4시간, 고용직원들과 똑같은 일을 무급으로 하는데도 일하고 싶다는 자원봉사자가 줄을 선다.

김 대표는 극장이라는 공간을 통해 옛 것과 새 것이 공존하는 문화를 일구기를 꿈꾼다. 그는 자신이 나이 들었을 때 '내 세대의 것, 내 세대의 문화'가 아무것도 남아 있지 않을까봐 불안하다고 했다. 지금의 도시화는 모든 걸 부수고, 새로 짓고 있다. 그는 10년 전 추억을 되새기러 고향인 광명시 철산동에 갔다가 그 현실을 봤다.

"많은 사람들이 꿈, 미래를 얘기하는데 사실 분명한 것은 우리의 미래가 정해져 있다는 거죠. '늙는 것.' 우리가 늙는다는 건 공상과학 영화 같은 얘기가 아니예요. 어르신들의 현실이 우리 미래예요."

그는 "지금 내가 힘이 있을 때, 내가 말하는 걸 사람들이 들어줄 때 내가 꿈꾸고 하고자 하는 걸 말해야 한다"고 했다. 그래야 누군가가 그 진정성을 보고 자신의 다음 일을 할 것이기 때문이다.

"난 믿어요. 내가 우리 극장 관객들과 같은 나이가 되었을 때, 나 같은 일을 하는 사람이 꼭 있을 거예요. 하지만 지금 내가 그 일을 하고 있고, 계속 말하고 있어야 다음 사람들도 그 일을 하겠지요."

2006년, 어떤 서울대생 형제가 말하기 수업 준비를 함께 하다 동영상 하나를 봤다. 제목은 '죽음의 트라이앵글'. 2008년도 입시생들은 내신, 수능, 논술 세 가지에 짓눌려 죽음에 이른다는 내용이었다. '죽음'의 상황까지는 2년이 남아 있었다. 형제는 사교육 없이 대학 진학에 성공한 자신들의 체험을 웹사이트에서 공유하기로 했다. 형제의 친구들이 합류했다. 연세대 의대, 경희대 한의대, 미국 MIT에 다니는 수재들이었다. 이 활동은 컴퓨터 밖, 저소득층 아이들을 위한 멘토링으로 이어졌다. 강성태 공신닷컴 대표의 이야기다.

7년 후, 학습 멘토 참여자는 누적인원으로 1,000여 명을 넘어섰다. 2013년 8월 기준으로 사이트에 등록한 대학생 멘토 즉 '대딩멘토'는 440명. 이들이 자원봉사로 멘토링하는 학생 수는 1만 3,000여 명에 이르렀다. '공부의 신'이라는 이름으로 더 유명한 소셜벤처 ㈜공신닷컴 이야기다. 저소득층 가정 · 고령자 · 장애인 · 다문화가정 등 소외층에게는 공신닷컴 사이트의 모든 서비스가 무료다. 2008년 설립 후 지금까지 3,600명의 '공신 장학생'이 무료 지원을 받았다.

멘토들이 하는 일은 공부법 상담보다는 인생 상담에 가깝다. 공신닷컴 사이트의 메인 메뉴 중 하나는 '고민 상담'이다. 여기 맨 위에 '연애상담' 코너가 있고 다음이 진로, 학습, 생활 상담이다. 입시 상담과 학부모 상담은 맨 아래에 있다. 아이들을 1대1로 상담하고 고민을 해결해준다는 게 어디 보통 일이랴. 입사 3년차인 고승진 멘토링 팀장은 한 달 내내 꼬박 막차를 타고 퇴근한 적도 있다. 원래 공신닷컴은 주 5일제 근무와 6시 퇴근을 보장하지만, 고 팀장은 "일하는 게 아니라 놀다" 간다고 말한다.

"매일 제가 하고 싶은 일을 하면서 사니까 일하는 게 아니라 노는 것 같아요. 가장 재미있는 건 팟캐스트에 연재하는 '나는 고민남이다' 촬영이에요. 이종민 소장과 유상근 공신, 저 이렇게 3명이서 MC를 보는데 그것만 하고 있으면 웃음이 끊이질 않아요."

고 팀장은 강 대표에게 '반해' 이 길로 들어섰다. 2008년 TV에서 강 대표를 본 후, 회사를 그만 두고 《시험의 기술》이라는 책을 썼다. 강연 활동하던 그는 자연스럽게 강 대표를 만나게 되었고, 먼저 "같이 일하고 싶다"고 청했다. 고 팀장의 꿈은 "대한민국을 꿈꾸는 나라로 만드는 것"이다. '꿈이 있고 열심히만 하면 누구나 성공할 수 있는' 나라다. 그는 "나중에 고졸들로만 이루어진 회사를 세워 대학을 안 나와도 성공할 수 있다는 걸 증명하고 싶다"고 말했다.

고 팀장을 반하게 한 강 대표의 꿈은 뭘까. 강 대표는 그 꿈을 한 글자 한 글자 손으로 종이에 적어 곱게 코팅했다. 고쳐 쓰고 또 고쳐 써서 100번 넘게 옮겨 적었다는 글이다.

"우리 공신은 대한민국 모든 학생들에게 공신 멘토 한 명씩 만들어 준다. 돈이 많든 적든 시골에 살든 도시에 살든 누구나 혼자가 아니며 멘토를 통해 자신이 가진 무한한 가능성과 꿈을 이루는 구체적인 방법을 배울 수 있다.(하략)"

강 대표는 2001년 수학능력시험에서 전국 0.01%에 들었던 원조 '공부의 신'이다. 서울대 기계항공공학부 재학 중 교육봉사 동아리를 만들어 운영하다가 2007년 MBC 예능프로그램 '공부의 신'과 '공부의 제왕'에 출연해 유명해졌다.

그는 다른 일로도 유명세를 탔다. 2012년 총선 직전, 새누리당이 정당 비례대표 후보로 강 대표를 검토하고 있다는 언론 보도가 나온 것이다. 그도 잠시 마음이 흔들렸다. 새누리당의 비례대표 제안을 전화로 연락 받은 직후에는 '내 꿈을 이루려면 정책 입안이 더 효과적이지 않을까' 하는 생각을 하기도 했다. 국회를 권하는 공신닷컴 직원들과 회원들도 적지 않았다.

그는 빌 드레이튼 아쇼카 창립자에게 이메일로 상담을 청했다. 드레이튼은 사회 변화의 아이디어를 가진 사람들을 찾아 지원하는 비영리단체 아쇼카를 1978년 창립한 이래, 변함없는 활동을 이어가며 '사회적기업의 구루'로 칭송 받는 인물이다. 고희(古稀)의 구루는 조언 대신 일화를 들려줬다. 하버드대 졸업생들의 삶을 추적해 현재 상황을 분석하는 연구가 있었다. 졸업생의 주변 사람은 그가 하려는 일에 따라 달라졌다. 드레이튼의 그 다음 말을 읽은 후, 강 대표는 사회적기업가의 길을 더 가기로 결심했다.

"정치를 한다는 건 권력을 지향한다는 것입니다. 세상을 바꾸려는 사람 주변에는 그러한 사람이 몰리고, 권력을 지향하는 사람 주변에는 그러한 사람이 몰릴 것입니다."

강 대표의 꿈은 "빈부와 지역에 상관없이 대한민국 모든 학생들에게 공신 멘토 한 명씩 만들어주는 것"이다. 하지만 그도 이 길이 맞는지 몰라 외로울 때가 많다.

"우리와 같은 꿈을 가진 사람들이 더 필요해요. 같은 꿈을 꾸는 사람들이라면 회사 이전에 가족과 같은 존재예요. 그런 분들과 함께 언젠가는 교육 불평등, 사교육 과열 문제를 해소하고 싶어요."

문제의 구조를 분석해 미션을 잡다

2008년 10월 탤런트 최진실 씨가 자살했다. 그 당시 연세대에서 커뮤니케이션 강의를 듣던 두 학생이 있었다. 이들은 수업과제로 최진실 씨의 미니홈피 방명록을 분석했다. 방명록 내용은 충격적이었다. 방명록에 가보니 대부분이 근거 없는 욕설이었다. 60%가 성(性)적인 욕, 30%가 가족에 대한 욕이었다.

두 사람은 악성댓글과 근거 없는 루머를 없애고 싶었다. 이들은 뜻이 맞는 사람들을 모아 회사를 설립했고, 이 회사가 개발한 서비스를 사용하는 사이트들은 스팸·악성댓글의 비율이 급감하기 시작했다. 소셜벤처 ㈜시지온을 설립한 김범진·김미균 공동대표의 창업스토리다.

시지온의 서비스는 효과가 있었다. 라이브리 가입 사이트들의 스팸·악성댓글 비율은 2012년 1월 52.5%에서 2012년 8월 4.9%로 급감했다. 가입 사이트는 늘었다. 2012년 12월 기준으로 서울시, 삼성, KBS, IBK 기업은행, 유니세프 등 450여 곳의 홈페이지가 라이브리를 사용한다. 개인 등 무료 사용자까지 합하면 누적 사용자는 800만 명, 월 평균 페이지뷰(PV) 20억 건에 이른다. 이 아이디어로 시지온은 2010년 고용노동부 주최 소셜벤처경연대회 최우수상을 받았다.

연예인들만 악성댓글을 겪는 문제가 아니었다. 블로그, 미니홈피 등 모든 온라인 사용자들이 겪을 수 있는 문제다. 최진실 씨 자살 이후 미국 시사주간지 <뉴스위크>는 '말이 죽일 때(When Words Kill)'라는 기사에서 이 사건을 '한국의 무자비한 인터넷 문화의 징후'라고 표현했다.

악성댓글을 달지 못하게 하려면 어찌 해야 할까. 포털, 언론사 등 대형 서비스 사업자들은 악성댓글의 폐해를 방지하기 위해 자사 사이트에 글을 남길 때 로그인을 하도록 제한하기도 했다. 로그인에는 회원 가입과 실명이 필요하다. 이런 제한의 전제는 '자신의 실명을 쓰면 책임질 수 있는 언행만 할 것'이라는 계산이다.

하지만 시지온의 창업자들이 분석해보니 악플러(악성댓글 유포자)들 중 상당수는 남의 주민등록번호 사용자였다. 인터넷 실명제만으로는 악성댓글 문제가 해결될 수 없다는 것을 뜻했다. 이들은 문제를 다시 정의했다. '실명을 쓰지 않는 사람들도 악성댓글을 달지 못하게 하려면 어떻게 해야 할까.'

2012년만 해도 인터넷이 대중화된 지 10년이 넘은 때였지만 댓글창 서비스만은 10년 전 모습 그대로 게시판 형태였다. 그 사이 인터넷서비스 형태는 다양해졌다. 트위터 · 페이스북 · 미투데이 ·

요즘 등 SNS(Social Networking Service)가 게시판과 커뮤니티의 역할을 분담하기 시작했다. 인터넷을 접촉할 수 있는 기기도 모바일과 태블릿 PC 등 다양해졌다.

창업자들은 '댓글을 다는 창의 구조 자체를 바꿔 댓글의 내용을 바꾸자'는 아이디어를 냈다. 무일푼이었던 이들은 연세사이버커뮤니케이션랩(YCCL)의 윤영철 교수를 찾아갔다. 악성댓글을 없애고 싶으니 석·박사 인력을 지원해 달라고 무작정 요청했다. 윤 교수가 협력을 약속했다. 이어 지인 사이에서 개발 실력이 출중한 것으로 알려진 박용재 개발이사가 합류했다. 창업팀은 3인 체제가 됐다.

세 사람의 삽질이 시작됐다. 댓글 작성 후 다른 사람들의 추천을 받지 못하면 저절로 없어지는 방식 등 여러 서비스가 시도됐으나 실패했다. 처음에는 안 좋은 댓글을 지우는 데에 중점을 뒀다. 시행착오 끝에 시지온은 좋은 댓글을 많이 달게 하는 방식으로 전환했다. 그렇게 나온 것이 '라이브리'였다.

라이브리가 적용된 인터넷 사이트에서 댓글을 달려면 그는 자신의 SNS로 로그인해야 한다. 또, 그가 인터넷 사이트에 올린 댓글은 자동으로 자신의 SNS에 올라간다. SNS에서 한 사람의 정체성은 그가 쓴 글, 그가 맺는 관계 속에서 드러난다. 자신의 지인들이 지켜보는 가운데 근거 없이 막말을 해대기란 쉽지 않다. 또 하나는 악성댓글 정화 기능이다. 라이브리가 설치된 모든 사이트에서는 스팸·악성댓글을 자주 다는 SNS 계정이 자동 차단된다. 서비스 이용 사이트가 늘수록 스팸·악성댓글 차단기능이 더욱 강력해지는 구조다.

연세대에서 화학공학과 벤처학을 전공한 김 대표는 로런스 레식 미국 하버드 법대 교수의 연구에서 '구조에 대한 접근법'을 배웠다. 이 연구에 따르면, 어떤 문제를 풀 때 규범으로 접근하는 방식은 해결 효과가 미비했다. 시장으로 접근하면 부작용이 컸다. 법은 늘 맨 나중에 작동했다. 레식 교수의 결론은 "모든 문제 해결은 구조적인 것에서 먼저 접근해야 한다"는 것이었다.

문제의 핵심 구조에 접근하려면 끊임없이 토론하라

문제의 핵심 구조에 접근하는 방법은 토론이다. 김 대표는 우스터폴리테크닉대학(WPI)의 한 수업을 소개했다.

"이 대학은 학생이 입학하면 한 학기 동안 무엇이 문제인가에 대해 토론하게 해요. 이렇게 하면 문제가 뭔지 명확해집니다. 그러면 명확한 해법을 얻을 가능성이 높아져요."

김 대표가 말한 수업은 '중대한 문제 세미나(GPS, Great problems seminar)'다. 미국에서 공과대학으로 유명한 WPI가 2007년 도입한 수업이다. WPI는 학생들에게 과학기술과 이론뿐 아니라 이를 실생활과 연결시키고 접목시킬 수 있는 교육과정을 개발해 명성이 높다.

처음에 단 2개의 클래스로 시작한 GPS는 2012년 이미 8개 수업을 넘어설 만큼 많은 학생들의 성원을 얻고 있다. 이슈도 처음에는 '세계 기아'나 '물 부족' 문제 등 두 개로 시작했지만 지금은 '전력 부족' 등 6개 분야로 넓어졌다. 50개가 넘는 프로젝트팀이 이 과정을 통해 다양한 주제를 연구 중이다.

이 수업은 수강생들에게 '문제를 찾아내는 법'과 '함께 해결책을 찾는 법'을 스스로 체험하게 해 수많은 문제 해결을 위한 기본기를 익히게 한다.

첫 번째 기본기는 '끊임없는 토론'이다. 학생들은 1학기 내내 '단 하나의 프로젝트'에 집중한다. 프로젝트를 시작하면서부터 마지막까지 '현재 어떤 어려움을 겪고 있으며' '어떻게 해결할 수 있을 것인지'에 대해 자신들이 연구한 자료를 공유하며 수시로 토론을 진행한다. 이 과정에서 지도교수는 조력자의 역할에 충실하며, 문제를 찾아나가고 해결해가는 과정 모두를 학생들이 주체적으로 이끌어나갈 수 있도록 돕는다. 때로는 외부 강사를 초빙해 학생들이 미처 깨닫지 못한 새로운 관점을 새로 습득할 수 있도록 기회를 제공하기도 한다.

GPS가 강조하는 문제 해결의 두 번째 기본기는 '함께 일하는 기술'이다. 우리가 사는 동안 우리를 둘러싼 세상에서는 중대한 문제가 끊임없이 발생할 것이고, 우리는 끊임없이 이 문제를 풀어내야 한다. 이때 필요한 것은 포기하지 않고 자신의 의견을 개진하면서 구성원과 함께 문제의 해법을 찾아내는 태도다.

WPI는 GPS를 진행한 5년 동안 참가 학생들을 분석한 결과 양적인 면에서 의미 있는 결과가 나왔다고 밝혔다. GPS 참가 학생들은 작업을 진행하고 의견을 조율하는 과정에서 각자의 의견을 훨씬 더 적극적으로 드러내고 방어하는 경향을 나타냈다. 이 결과에서 중요한 것은 실제로 이 학생들의 경우, 우리 시대의 사회적 문제와 과학기술을 연결시키는 작업에 훨씬 더 참여도가 높았다는 점이다.

그런데 왜 GPS는 수업의 주제를 일상생활의 문제가 아니라 '중대한 문제', 즉 세계 기아나 물 부족, 환경오염 등과 같이 학생들이 감당하기에는 어려운 문제로 잡은 것일까? 지구촌을 위협하는 심각한 문제들도 결국 그 해결책은 '거창하고 위대한 기술'이 아니라 '사소하지만 작은 행동'에 있기 때문이다. 학생들은 '중대한 문제'에 대해 함께 토론하고 배우면서 자신과 매우 가까운 곳, 지역 공동체에서 행하는 작은 노력이 결과적으로 매우 의미 있는, 중대한 차이를 만들어 낼 수 있다는 것을 스스로 체험하는 것이다.

이것은 창업을 준비할 때 우리에게 필요한 접근법이다. 중대한 문제를 푸는 것을 미션으로 잡되, 비전은 우리 주변의 사소하고 작은 변화를 일으키는 것에서부터 잡는 것이다. 실현할 수 있는 것부터 하나씩 바꾸다 보면 결과적으로 지금과 미래 사이에는 큰 차이가 만들어질 것이다.

비즈니스 모델 만들기
: 수익원에 대한 가설로 출발해 수익 만들어내기

문제를 해결하는 방법부터 찾아보고, 생산비를 낮추면서도 이익률을 10% 올려보십시오. 발상을 바꾸면 생산성을 올리는 것은 문제가 아닙니다. 매일 현장에서 직원들과 부대끼면서 생산성을 올릴 방법을 궁리해보십시오. 지금의 5배, 10배로 생산성을 끌어올린다면 지금 사업구조만으로도 높은 이익을 실현할 수 있을 것입니다.
_이나모리 가즈오, 《이익이 없으면 회사가 아니다》

창업을 결심했다고 치자. 소셜 비즈니스도 비즈니스다. 이러저러한 미션을 품고 이러저러한 비전을 달성하겠다고 하면, 사람들은 이렇게 물을 게 틀림없다.

"그래서, 그 사업의 비즈니스 모델(Business Model)이 뭐야?"

비즈니스 모델은 소셜 비즈니스가 어떻게 수익을 창출해 사회적 가치를 계속 만들어낼 수 있는지 설명해준다. 비즈니스 모델이란 '기업이 어떻게 운영되는지를 설명'하는 '사업을 운영하는 방식에 관한 설계도'다.[44] 누가 고객이고, 그 고객한테 어떤 상품(가치)을 제공해서, 어느 정도의 수익을 어떤 방식으로 거둘 것인가를 보여준다.

어떤 사업 아이디어를 가진 사람이 그걸 어떻게 수익으로 전환시킬지 다른 사람에게 혹은 자기 자신에게 설명하고자 한다면, '비즈니스 모델 캔버스'라는 틀이 꽤 유용할 것이다. 한 장의 도표로 그린다면 사업구조가 한 눈에 보인다.

머릿속 아이디어를 정리할 때에도 쓸 만하다. 혼자 생각을 정리하든 창업팀이 모여 브레인스토밍을 하든 문자화, 시각화 자체가 논리와 직관을 작동하게 만든다. 여럿이 사업 논의를 할 때에는 여러 장의 캔버스를 그려놓고 난상토론을 벌여보자. 뜻하지 않은 아이디어가 나오거나 미처 생각하지 못한 리스크 혹은 약점을 발견할 수 있다.

또 하나의 활용법은 이미 성공한 사업의 캔버스를 그려놓고 변용하는 것이다. 배우고 싶은 사업체의 캔버스를 그린 후, 자신이 창업하려는 회사의 미션을 이루려면 아래의 9개 요인 중 어떤 것을 바꿔 가며 비즈니스 모델을 완성할 것인지 시나리오를 그려보자. 비즈니스 모델에서는 요인 한두 개만 바꿔도 다른 비즈니스가 된다. 예를 들어 백내장 수술 업무를 모듈화하고 저가의 인공수정체를 도입해 비용을 낮춘 아라빈드 안과병원의 모델에서 '백내장'과 '인공수정체' 대신 '청력'과 '보청기'를 넣으면 정부 보조금만으로 살 수 있는 저가 보청기가 나올 수 있다. 딜라이트가 그랬다. 안 쓰는 물건을 기증 받아 판 돈으로 국제구호자금을 마련하는 옥스팜

---

44) 라준영, 《사회적기업의 비즈니스모델》에서 재인용. 앞의 정의는 마그레타(2002), 뒷 정의는 하멜(2001)

혹은 굿윌의 모델을 가져오되, 부동산 임대료와 마케팅 자원을 기부 받아 비용구조(Cost Structure)를 바꾸면 더 많은 수익을 빈곤층에 배분할 수 있다. 아름다운가게가 그러하다.

비즈니스 모델 캔버스라는 도구 상자에 무엇이 들어 있는지 들여다보면 이렇다.[45]

• **고객 세분화**(CS, Customer Segments) : "우리의 타깃 고객은 누구인가?"

이때 타깃 고객은 욕구나 행동방식이 동일한 집단을 뜻한다. 양궁에서 과녁판의 작은 부분을 맞출수록 높은 점수를 받듯, 타깃 고객을 잡을 땐 좁게 잡을수록 영업 목표가 명확해진다. 어떤 고객에게 집중하고 어떤 고객은 무시할지 판단할 수 있다.

그라민은행의 타깃 고객은 '은행에서 대출받을 수 없는 금융 소외계층'이며 좀 더 정확하게는 그러한 계층의 여성이다. 이 은행 대출고객의 97%는 여성이다. 아라빈드 안과병원의 타깃 고객은 두 집단이다. 무료 혹은 보조금을 받는 고객은 돈 없는 안과질환자다. 돈은 일반 환자한테 받는다.

사회적기업 등 소셜 비즈니스 업체들의 고객 집단은 때로 아라빈드 안과병원처럼 이질적인 두 그룹일 때가 있다. 그래서 라준영 가톨릭대 경영학 교수는 사회적기업에서는 고객을 두 집단으로 쪼개라고 조언한다. '돈을 지불하는 고객'과 '수혜를 받는 고객'을 나누는 것이다.

예를 들어 간병서비스를 제공하는 사회적기업인 다솜이재단의
경우, 돈을 지불하는 고객으로는 간병서비스를 받는 유료고객뿐
아니라 기업 고객도 존재한다. 기업 고객은 저소득층을 위한 사회
공헌 차원에서 간병서비스 비용을 대신 지불한다. 이때 수혜자는
저소득층 환자가 된다. 물론 지불하는 고객이 곧 수혜를 받는 고객
이라면 굳이 쪼갤 필요가 없다.

• **가치 제안**(VP, Value Propositions) : "우리가 충족시킬 고객의 니즈는 무엇인
가?", "그 니즈를 충족시키 위해 어떤 서비스 혹은 제품을 제안할 것인가?"

가치가 있는 제품이나 서비스는 고객이 처한 문제를 해결하거나
욕구를 충족시킨다. 고객에게 가치를 제안할 때에는 고객 세부 집
단별로 어떤 제품과 서비스를 받게 되는지 설명해야 한다.

그라민은행은 금융 소외계층의 여성에게 무담보 소액대출 서비
스와 함께 소득을 높여 삶의 질을 높이기를 제안한다. 세부 집단별
로 일반 고객한테는 연 20%의 무담보 소액대출을, 빈민인 고객에
게는 연리 0%의 극빈자 대출(Begger Loan) 서비스를 제안한다.

• **채널**(CH, Channels) : "우리의 제안은 어떤 채널을 통해 고객한테 다다를 수
있는가?"

---

45) 자세한 내용은 《비즈니스모델 제너레이션(알렉산더 오스터왈더, 예스 피그누어 지음)》
    이라는 책에 소개되어 있다.

고객에게 가치를 제안하려면 커뮤니케이션 통로나 물류 같은 채널이 필요하다. 채널은 회사가 제안하고 창출하는 가치를 고객들에게 가장 효과적인 저비용으로 전달할 수 있어야 한다.

그라민은행은 지점을 통해 고객들한테 다가간다. 이때 중간에 여느 은행과는 다르게 독특한 채널이 하나 더 들어간다. 대출자 리더들의 모임이다. 리더는 5명으로 이뤄진 대출자 그룹에서 뽑힌다.

• **고객 관계**(CR, Customer Relationships) : **"고객과 어떻게 상호 작용할 것인가?"**

고객 관계를 맺는 방법은 고객이 누구이며 어떤 특성을 가진 집단이냐에 따라 달라진다. 판촉 활동을 전단지 등 광고로 할지, 영업사원의 방문 혹은 전화로 할 것인지, 쿠폰 배포 같은 할인 이벤트로 할 것인지 등등. 그렇게 맺은 관계는 뉴스레터, 정기이메일, 콜센터를 통한 전화 같은 활동으로 유지된다. 의료생협, 소비자생협 등 협동조합들은 걷기, 가계부 쓰기 등 소모임을 통해 관계를 유지하기도 한다.

그라민은행의 경우는 일주일에 한 번씩 열리는 대출자 리더 모임을 통해 고객 관계가 이뤄진다. 리더들은 자신은 물론 자기가 속한 그룹의 대출자들이 얼마를 빌렸고 갚았으며 원리금은 얼마나 남았는지 점검한다. 이렇게 하면 은행 직원들이 고객 한 명, 한 명의 상환을 관리할 필요가 없으니 운영비용을 줄일 수 있고, 고객끼리 공동체가 형성되어 서로 상환의지를 북돋을 수 있다.

• **수익원**(RS, Revenue Streams) : **"수익은 어디서 얻는가?"**

생각해볼 수 있는 수익원은 크게 7가지다. 판매매출, 이용료, 가입비, 임대 혹은 대여료, 라이센싱, 중개수수료, 광고 등. 수익원만 바꿔도 비즈니스 모델은 크게 달라진다. 예를 들어 자동차를 팔 때 수익원은 판매지만, 빌려줄 때 수익원은 대여료다. 몇 가지 수익원을 합쳐 시너지를 내게 할 수도 있다. 홈쇼핑 채널이 공급자한테 방송시간을 팔아 광고료를 받을 수도 있고 제품을 팔아 판매수수료를 받을 수도 있다.

수익원이 무엇이냐에 대한 질문은 매출 추정을 위해 반드시 구체적으로 던져야 한다. 매출 추정은 회사가 지속할 수 있는가를 가늠하게 해주며, 어느 수익원을 강화하거나 사업에서 빼낼지를 가늠하게 해주는 기본 정보다. 고객 집단별 수익은 얼마인지, 지불 수단은 무엇이며 거래 후 회사 계좌로 입금은 언제 되는지, 수익원천별로 수익은 얼마이며 전체 수익에 기여하는 정도는 어떠한지 등등 수익원에 대한 질문을 잘 정리하면 자금 운용 등 사업계획을 세울 때 유용하다.

• **핵심자원**(KR, Key Resources) : **"우리는 누구이며 무엇을 가지고 있는가?"**

사업을 시작하려면 핵심자원을 파악하고, 필요 자원이 없을 때는 확보할 방법을 찾아야 한다.

자원은 크게 4가지로 나눠서 생각할 수 있다. 첫째, 물적 자원은 생산설비, 건물, 차량, 기계, 유통망 같은 유형의 것들을 말한다. 둘째, 지적 자원은 브랜드, 전매적 지식, 특허, 지적 재산권, 파트너십, 고객정보 같은 무형의 것들이다. 셋째, 인적 자원은 임직원 등 보유 인력을 뜻한다. 넷째, 금융자원은 현금화할 수 있는 금융자산을 뜻한다.

핵심자원이 무엇인가에 따라 사업 전략이 결정된다. 월마트는 국제 규모의 판매망과 물류망을, 아마존은 IT인프라와 창고를 가지고 있다. 나이키와 소니는 브랜드, 마이크로소프트는 지적재산권이 핵심자원이다. 제약회사는 경험이 많은 과학자들, 노련한 영업팀이 핵심자원일 것이다.[46]

• **핵심활동**(KA, Key Activities) : **"우리는 무슨 일을 할 것인가?"**

이것은 진입할 산업에 따라 달라진다. 제조업이라면 우수한 제품을 생산해 유통채널을 통해 판매하고 고객에게 다가가기 위해 판촉 혹은 영업활동을 벌이는 게 핵심 활동일 것이다. 서비스업이라면 고객의 문제를 해결하는 서비스를 개발해 제공하고 고객의 반응을 수렴하고 관계를 유지하는 활동을 벌인다.

핵심활동을 정리할 때는 진입하는 산업의 특징과 리스크, 산업 내 벤치마크 기업의 성공요인을 분석해보자. 그러면 어느 활동에 자신의 역량을 집중할 것인지 가늠할 수 있다. 스타트업에 있어 역량의 집중은 성공의 첫 번째 키다.

• **핵심파트너십**(KP, Key Partners) : **"누가 우리를 도울 것인가?"**

파트너십은 스타트업들이 흔히 등한시하지만 실은 사업의 성패를 가를 수도 있는 요소다. 모든 회사는 파트너십을 맺는다. 한 회사가 필요한 모든 자원을 보유할 수도 없고 모든 활동을 직접 수행할 수도 없다. 그건 효율적이지도 않고 효과적이지도 않다. 외부 조직과 파트너십을 잘 맺으면 비용을 줄일 수 있다.

전략적 제휴, 공급 계약, 합작 투자 등 여러 가지 파트너십은 우리가 가지지 못한 핵심자원을 제공해준다. 대기업들은 다른 기업을 통해 자원을 얻고 기업활동을 하면서 능력을 확장하기도 한다. 심지어 흡수해버릴 때도 있다.

경쟁사가 핵심 파트너일 때도 있다. 애플은 스마트폰 시장의 맞수인 삼성으로부터 디스플레이와 모바일애플리케이션프로세서(AP) 등 핵심부품을 공급 받는다. 스마트폰의 얼굴과 두뇌를 경쟁사에서 제공받는 셈이다. 핵심부품 구입 과정에서 신제품 정보가 흘러나간다. 어쩌랴. 그렇다고 공장을 세울 수는 없지 않은가. 애플은 대만 업체와 새로운 파트너십을 구축하고 있다.

• **비용구조**(CS, Cost Structure) : **"이 사업을 위해 지불해야 하는 비용은 무엇인가?"**

비용에는 변동비용과 고정비용이 있다. 규모가 커질수록 함께 커

---

46) 장대철 KAIST 경영학 교수 수업 교재 중

지는 비용은 변동비이고, 상관없이 일정하게 지출되는 비용은 고정비다. 임대료, 인건비, 생산설비 같은 것들이 고정비에 해당한다.

비용구조는 회사 경쟁력을 좌우한다. 규모의 경제는 한 상품을 많이 생산할수록 비용이 줄어들어 이익이 커지는 현상을 뜻한다. 반대로 생산량이 커지는 것 이상 비용이 커지는 걸 규모의 비경제라 부른다. 곰탕집이 하나의 메뉴에 집중해 소뼈를 싸게 공급받으면 규모의 경제가 작동하는 것이다. 옆 곰탕집과 경쟁이 붙어 비싼 원료를 쓰면서 가격을 낮추는 바람에 팔수록 손해가 나면 규모의 비경제가 된다.

범위의 경제를 작동시킬 수도 있다. 범위의 경제란 여러 상품을 생산할 때 비용이 줄어드는 현상이다. 대형할인점에 식품을 납품하는 업체가 포장 곰국뿐 아니라 육개장, 냉면 등 다른 상품도 납품하면 하나의 채널로 여러 상품을 팔아 매출은 늘리고 인건비 등의 비용은 고정시킬 수 있어 이익이 늘어난다. 이때 범위의 경제가 작동한다.

비용 전략은 사업 전략을 좌우한다. 비용을 줄이는 전략을 선택하면 저가 경쟁으로, 가치를 높이는 전략을 선택하면 품질 경쟁으로 들어간다. 때로는 둘 다 순차적으로 쓰기도 한다. 다솜이재단은 처음에는 공동간병체제를 개발해 서비스 비용을 낮췄고, 중국인 간병인 등 시장에 저가경쟁이 심해지자 품질경영체제를 도입해 서비스 질을 높이는 전략을 썼다.

<그림> 비즈니스 모델 캔버스

핵심파트너십 누가 우리를 도울 것인가?	핵심활동 우리는 무슨 일을 할 것인가?	가치 제안 우리의 제품 혹은 서비스는 무엇이며, 고객이 지불할 만한 가치는 무엇인가?	고객 관계 고객과 어떻게 상호 작용할 것인가?	고객 세분화 타깃 고객은 정확히 누구인가?
	핵심자원 우리는 누구이며 무엇을 가지고 있는가?		채널 우리의 제안은 어떤 채널을 통해 고객한테 다다를 수 있는가?	
비용구조 이 사업을 위해 지불해야 하는 비용은 무엇인가?			수익원 수익은 어디서 얻는가?	

사회 문제를 중심으로 비즈니스를 짤 때는 린 캔버스

비즈니스 모델 캔버스로 창업 아이디어를 짜낼 때는 무거운 감이 있다. 해결하려는 문제를 중심에 두고 가볍게 아이디어를 짜낼 때는 린 캔버스(Lean Canvas)가 유용하다.[47] 린 캔버스는 비즈니스 모델 캔버스 중 핵심 파트너십-핵심자원-핵심활동-고객관계 대신 문제-솔루션-핵심지표-경쟁우위가 들어간다. 풀어 설명하자면 이렇다.

• **문제** - 목표 고객한테 가장 중요한 세 가지 문제

---

47) 린 캔버스에 관한 자세한 내용은 애시 모리아, 《린 스타트업》 에 소개되어 있다.

- **솔루션** - 위 문제를 해소하기 위해 가장 중요한 세 가지 기능
- **핵심지표** - 솔루션의 성패를 가늠하기 위해 측정해야 하는 핵심 활동
- **경쟁우위** - 다른 제품이나 서비스가 쉽게 흉내낼 수 없는 특징

문제와 해법(솔루션), 해법의 성패를 측정할 핵심지표, 경쟁 우위 등 4가지가 명확하다면 그 사업은 꼭 시작해야 한다. 사회와 시장에 필요한 일이니까. 그런 사업 아이디어는 투자자 혹은 기부자, 인재, 파트너 등 다양한 사람들을 설득할 수 있다.

각종 대회에서 상위 수상한 비즈니스 모델들은 이 4가지가 분명하다. 사교육이 일으키는 교육 불평등을 해소하고자 공신닷컴(소셜벤처경연대회 2009년 대상)이 제시한 해법은 전국의 학생들에게 대학생 멘토를 한 명씩 붙여주는 것이었다. 이 업체에서는 대학생 멘토와 중고등학생 멘티가 활동하고 있는 숫자가 핵심지표다. 많은 자원봉사 대학생들이 멘토로 참여해 경쟁우위를 확보했다. 저소득 난청인을 돕고자 하는 딜라이트(소셜벤처경연대회 2010년 대상)는 저가 보청기 구매자가 곧 수혜자로서 사회적 가치의 핵심지표가 분명하다. 실내용 방한 텐트를 개발해 적은 연료로 더 큰 난방효과를 내게 한 바이맘(소셜벤처경연대회 및 H-온드림 2013년 대상)은 저소득층에 대한 보급량이 사회적 가치를, 전체 판매량이 환경적 가치를 가늠하게 해주었다.

비즈니스 모델 캔버스나 린 캔버스는 사업 아이디어에 상당히

매력적인 비주얼을 부여한다. 그렇다고 '빈 칸 채우기'의 함정에 빠지지는 말자. 그것은 프리젠테이션 자료를 만들면서 생각을 정리할 때 빠지는 함정과 비슷하다. 빈 칸을 아름답게 채워 넣었다고 해서 현실이 그렇게 되는 건 아니다. 자칫하면 만들 수 없는 '설계도면'이 나오게 된다.

창업 전에 세운 비즈니스 모델은 어차피 '가설'이다. 완벽해 보이는 가설의 모습과 사랑에 빠져 실제 현실을 받아들이지 않고 그 모습을 고수하겠다고 고집을 부리다가는 창업에 실패한다. 자신이 만든 가설과 사랑에 빠져들 것 같을 때에는 현실에서 가설을 작동시켜 보자. 시장에서 직접 영업을 뛰어보는 것이다. 때로는 머리보다 발이 더 많은 현실을 보여준다.

그림〉 린 캔버스

문제 가장 중요한 세가지 문제는 무엇인가?	솔루션 가장 중요한 세 가지 기능은 무엇인가?	가치 제안 우리의 제품 혹은 서비스는 무엇이며, 고객이 지불할 만한 가치는 무엇인가?	경쟁우위 타사가 쉽게 흉내낼 수 없는 특징은 무엇인가?	고객 세분화 타깃 고객은 정확히 누구인가?
	핵심지표 핵심활동을 측정할 수 있는 지표는 무엇인가? ·		채널 우리의 제안은 어떤 채널을 통해 고객한테 다다를 수 있는가?	
비용구조 이 사업을 위해 지불해야 하는 비용은 무엇인가?			수익원 수익은 어디서 얻는가?	

미션과 비즈니스 모델에 따른 법인격 선택하기
: 비영리법인, 영리법인, 협동조합의 성공적 설립을 위한 정보

호피 인디언 사회가 유지되기 위해서 해결되어야 할 과제 중 하나는 어떻게 하면 비옥한 토양이라고는 찾아볼 수 없는 사막에서 구성원들이 영토를 이탈하지 않고 계속해서 경작을 이어갈 수 있도록 만드느냐 하는 것이다. 특히 때로는 가뭄이 계속되는 상황에서도 절망하거나 동요하지 않고 결속력을 유지하는 것은 그들이 생존하는 데 매우 중요하다. 바로 이러한 문제를 해결하기 위해서 호피 인디언들은 기우제를 지낸다. 그들은 말 그대로 비가 내릴 때까지 기우제를 지낸다. 그렇기 때문에 이들은 한결 같이 자신들이 기우제를 지내면서 버티는 한, 반드시 비는 오기 마련이라는 믿음을 공유하고 있다. 이러한 믿음이야말로 그들이 사막에서 오늘날까지 생존할 수 있는 최상의 비결이었다. 도저히 농작물이 자랄 수 없을 것 같은 사막에서 그들이 오늘날까지 생존해 왔다는 것 자체가 그들의 믿음이 옳다는 것을 증명해 준다.

_고영건, <인디언 기우제> 중

사회적 약자를 위해 법률 서비스를 지원하는 재단법인 동천의 양동수 변호사는 상담 중 안타까운 창업자를 만나게 됐다. 그는 창업 때 별 생각 없이 주식회사를 설립했다가 영업에 어려움을 겪고 있었다. 한 극단의 대표였다. 그는 '단원들을 굶기지 않고 인건비라도 주고 싶다'는 단순한 생각으로 주식회사를 만들어 사회적기업 인증과 인건비 지원을 받았는데, 이 때문에 다른 수익사업에 제한이 생겼다.

"문화예술 쪽 사회적기업은 국가나 지자체에서 공모하는 문화예술공연사업이 주요 수익원 중 하나입니다. 대부분의 사업이 공모요건에서 비영리단체를 요구하지요. 그런데 이 업체는 시장을 알지 못하고 주식회사로 설립되었던 겁니다."

주식회사 설립은 조직 구성원 간 관계에도 영향을 미쳤다. 이 극단은 원래 대표와 배우 등 구성원들 간의 관계가 평등했다. 그런데 주식회사가 되고 나니 극단 대표가 고용주가 되고 나머지는 고용인이 되면서 관계가 달라져버렸다. 더군다나 극단 대표는 주식회사가 지닌 회계, 공시 책임이 뭔지도 모르는 상황이었다.

한 창업자는 협동조합으로 창업했다가 난관에 부딪혔다. 지인들이 모여 좋은 일 하면서 돈도 벌자는 취지로 협동조합을 만들기는 했지만 협동이 일어나질 않았다. 직업이 제각각인 조합원들은 저마다 자기가 하고 싶은 일을 하려고 들었고, 사업 방향을 결정할 때마다 의견이 엇갈렸다. 한 명, 두 명 조합 일에 흥미를 잃었다. 결국 모든 업무 책임이 조합장한테 왔다. 하지만 결정은 조합원들이 내렸다. 그는 협동조합 운영이 이렇게 어려운지 몰랐다며 주식회사나 사단법인 설립을 더 적극적으로 알아보지 않은 걸 후회했다.

소셜 비즈니스로 창업하기를 꿈꾼다면 법인 설립 전에 자신이 추구하는 미션이 뭔지 명확하게 인식해야 한다. 일단 법인을 설립한 후에는 이것저것 제약을 넘어서기가 어렵다. 미션에 따라 적합한 법인격이 다르다. 따라서 창업 아이디어를 발전시킬 때, 즉 법인 설립 전에 두 가지 가능성을 다 검토하는 것이 좋다.

비영리법인으로 출발한 '아름다운가게'는 기증과 기부, 봉사로 더 많은 사회자원을 끌어모아 비용을 낮춘 덕분에 더 많은 자원을 배분하고 더 큰 사회적 영향력을 창출할 수 있었다. 비영리법인과 영리법인 두 가지 형태로 출발했던 '공부의신'은 창업 후 영리법인 쪽으로 기능을 통합하면서 사업 효율을 높였다.

국내 대표적인 소셜 비즈니스 법인인 사회적기업들을 보면 영리법인과 비영리법인의 비중이 거의 반반이다. 2013년 5월 기준 인증 사회적기업의 49.4%는 상법상 회사, 46.4%가 민법상 법인이나 사회복지법인 등 비영리법인이다. 생활협동조합과 영농조합 등 조합은 4.2%다.

기부·봉사 등 사회자원을 끌어와야 할 때는 비영리법인 창업

비영리법인의 가장 큰 장점은 기부금 모금의 근거가 생긴다는 점이다. 인가를 받은 비영리법인은 기부자에게 기부금에 대한 소득공제 혜택을 줄 수 있다. 또, 정부 등 공공 부문으로부터 보조금을 받거나 각종 세제 혜택을 받을 수 있다.

가정해보자. 만약 아름다운가게가 주주들이 주인인 주식회사 형태였어도 연간 1만여 건에 이르는 많은 물건과 연간 1만여 명에 이르는 일손을 '공짜'로 모을 수 있었을까? 지하철, 언론사들이 공짜로 광고 자리를 내줬을까? 아름다운가게는 처음부터 재단법인으로 출발했다.

기증과 자원봉사 등이 사업 운영의 핵심자원인 업체에 적합한 법인 형태는 기증, 기부, 봉사에 대해 각종 혜택을 줄 수 있는 비영리법인이다. 공익이나 사회적 목적이 명확한 사업으로 창업하고 싶다면 비영리법인 창업이 적합하다.

물론, 비영리법인도 영리법인과 마찬가지로 법인세를 내야 한다. 그러나 고유목적사업에 대해서는 법인세 납세의무가 없다. 수익사업에 대해서만 세금을 낸다.

비영리법인은 '고유목적 사업준비금' 설정을 통해 법인세 부담을 차기로 이연시킬 수 있다. 고유목적 사업준비금이란, 비영리법인이 수익사업에서 얻은 수익을 목적사업에 사용하기 위해 적립하는 준비금을 뜻한다. 즉 올해 수익 일부를 내년 이후 목적사업에 쓰도록 해주는 것이다.

부가가치세는 일부 면세다. 부가가치세법 제26조와 제27조에 따라 비영리법인이 고유의 사업목적을 위해 일시적으로 공급하거나 실비(實費) 또는 무상으로 공급하는 재화나 용역은 부가세가 면세될 수 있다.

사회서비스 관련 일부 사업에 대해서는 사회적기업 인증을 받으면 면세 혜택을 누린다. 최근 개정된 부가가치세법 시행령 29조와 30조에 따르면 사회적기업은 간병, 산후조리, 보육, 교육용역에서

부가세를 면세 받는다. 또, 조세특례제한법 제85조의6에 따라 인증 후 5년 동안 법인세 50% 감면, 취득세 · 등록세 · 재산세 감면의 혜택을 받는다.

이 때문에 자선이나 봉사, 국제협력 같은 전통적인 비영리활동 외에도 특정 분야는 비영리법인으로 창업하는 것이 유리하다. 문화 · 레저, 교육 · 연구, 보건의료서비스, 사회서비스, 환경, 지역개발 · 주거문제, 법률구조, 권리주창 및 옹호, 동업자 및 전문가 단체 같은 분야가 그러하다.

그러나 비영리법인은 진입과 유지가 어렵다. 비영리법인은 '설립 인가주의'를 따른다. 그 때문에 영리법인에 비해 설립 절차가 길고 까다롭다. 주무관청의 재량에 따라 운영에 제약이 생기기도 한다. 당연히 주무관청의 감독을 받아야 한다.

또 비영리법인은 영리법인에 비해 대출이나 투자를 통해 자금을 조달 받기도 어렵다. 수익이 발생했을 때, 해산 시 잔여재산이 생겼을 때, 비영리법인의 설립 자금을 댄 구성원들한테 분배할 수도 없다. 수익이나 재산을 공익 목적으로 써야 하기 때문이다.

기증과 자원봉사를 더 많이 끌어들이기 위해 비영리법인 형태로 사업을 운영하기로 결정한다고 해서 다들 아름다운가게처럼 많은 자원을 모을 수 있는 것도 아니다. 유사한 형태의 많은 비영리법인들이 기증품이나 자원봉사를 모으는 데에 어려움을 겪는다. 아름다운재단의 사업부에서 갈라져 나온 아름다운가게는 설립 초기부터 수많은 사회 저명인사들이 참여해 사회 곳곳의 자원을 끌어오

는 데에 유리했다. 브랜드도 쉽게 알려졌다. 이런 조건으로 창업하

는 행운을 누리는 비영리법인이 그리 많지는 않다.

〈표〉 비영리법인 종류와 특징 비교(자료 : 재단법인 동천, 양동수 변호사)

구분	사단법인	재단법인	공익법인	사회복지법인	사회적협동조합
적용 법령	민법	민법	공익법인의 설립·운영에 관한 법률	사회복지사업법	협동조합기본법
인·허가 및 관리·감독	주무관청			시·도지사	기획재정부장관 등 중앙행정기관
설립 행위	2인 이상의 설립자, 정관작성, 주무관청 허가	정관작성, 재산출연, 주무관청 허가	민법 규정 준용	정관작성, 일정 재산, 시·도지사의 허가	5인 이상 조합원 자격의 발기인이 정관 작성, 창립총회의 의결, 기획재정부장관의 인가
특징	-사원총회에 의한 자율적이고 탄력적인 법인 - 정관변경 가능(총사원의 2/3이상의 찬성과 주무관청의 허가)	- 설립자의 의사에 구속되는 타율적이고 비탄력적인 법인 - 정관변경 불가(정관에 변경 방법을 정한 경우 예외)	사단법인 및 재단법인 형태가능 -장학금등지급,학술,자선사업에 한정 -수익사업마다 주무관청 승인 필요	-법인의 설립목적 수행에 지장 없는 범위에서 수익사업 가능 -기본재산의 매도 등 처분 시 시·도지사의 허가 필요	-구성원의 복리증진과 상부상조 목적 -조합원의 1좌 이상 출자의무 -조합원의 의결권과 선거권은 출자좌수에 관계없이 평등 -조합원에 대한 소액 대출 및 상호부조 가능

• 비영리 사단법인 설립절차(자료: 법제처 홈페이지 oneclick.law.go.kr)

1. 사단법인 목적 및 명칭 정하기

2. 정관 작성

3. 창립총회 개최

  4. 설립대상 사단법인의 주무관청 확인

  5. 주무관청에 설립허가 신청

  6. 주무관청으로부터 설립 허가

  7. 관할법원에 설립등기

시장 혁신, 규모 있는 투자가 필요할 때는 영리법인

어떤 사업은 미션이 사회 공익이라 해도 주식회사 등 영리법인
이 더 적합할 수 있다. 시장 혁신을 일으켜야 사회 혁신이 뒤따라오
는 것이라면 더욱 그렇다. 특히 제조업 등 상당 규모의 투자가 필요
한 업종일 경우에는 영리법인이 더 유리하다. 주식회사는 투자, 융
자 등 자금 조달에 있어 다른 법인 형태보다 유리하다.

시장 혁신을 통해 사회 공익적인 가치를 높이는 초창기 사회적
기업들은 '소셜 벤처(Social Venture)'라고 불린다. 장애인과 노인 등 이
동권 제한을 겪는 사람들을 위해 장애아동용 반값 유모차 등 저렴한
제품을 개발한 이지무브, 난청인들을 위해 정부 보조금만으로 살 수
있는 '공짜 보청기'를 개발한 딜라이트 같은 기업들이 그러하다.

〈표〉 영리법인 종류와 특징 비교(자료 : 재단법인 동천, 양동수 변호사)

구분	주식회사	유한회사	유한책임회사	합명회사	합자회사
사원 종류	주주 (유한책임)	사원 (유한책임)		사원 (무한책임)	사원(유한/무한책임)
사원 수	1인 이상	1인 이상	1인 이상	2인 이상	유무한 책임 사원 /각 1인 이상
특징	• 지분양도는 자유(정관에 의하여 이사회의 승인을 받도록 할 수 있음)	• 지분양도 원칙적 허용. 다만, 정관으로 제한 가능	• 지분양도는 업무집행 사원은 다른 사원 전원의 동의, 업무집행하지 않는 사원은 업무집행사원 전원 동의로 가능. 정관으로 달리 정할 수 있음. • 정관 변경은 총사원의 동의	• 지위양도 시 다른 사원 동의 필요	• 유무한 책임사원 공동 구성 • 무한책임사원이 업무집행권, 대표권, 회사채무부담 전적으로 책임
의결 기관	주주총회	사원총회	사원(합명회사 준용)	사원	사원총회
업무 집행 기관	이사회	이사	정관으로 사원 또는 사원 아닌 자를 업무집행자로 정함	사원	무한책임사원
감사	1명 이상, 임기 3년 미만	임의사항	불필요	불필요	불필요

이런 업체들은 시장 혁신을 일으켜야 하기 때문에 의사결정에 시간이 적게 걸리고 경영책임자에 대한 결정권 위임이 쉬운 주식회사 형태가 유리하다. 시장 변화에 맞춰 빠르게 창업할 때에도 주식회사가 유리하다. 사단법인, 재단법인, 공익법인 같은 비영리법인보다 설립하는 데에 시간과 비용이 적게 들기 때문이다.

국내에서 허용되는 영리법인에는 주식회사와 유한회사, 유한책임회사, 합명회사, 합자회사 등 크게 5가지가 있다. 영리법인은 주식회사, 사원의 종류와 지분 양도 제한에 따라 법인격이 달라진다.

주식회사와 유한회사는 출자한 지분만큼 유한책임을 진다. 다른 점은 주식회사는 의결기관이 이사회이고 지분 양도가 자유로운 반면, 유한회사는 의결기관이 사원총회이고 지분 양도를 정관으로 제한할 수 있다는 것이다.

유한책임회사는 소셜 비즈니스 성격에 잘 맞는 형태로 꼽힌다. 유한책임회사는 주식회사처럼 사원 개인은 출자금을 한도로 유한책임을 지면서도, 인적회사인 합명회사처럼 구성원 간 강한 결속력을 유지할 수 있다. 또 정관 자유의 원칙이 있어 내부 의사결정구조 등 지배구조를 자유롭게 만들어 낼 수 있다.

유한책임회사는 미국의 법인격을 차용한 것이다. 미국의 소셜 비즈니스 기업들은 한국의 유한책임회사와 비슷한 LLC(Limited Liability Company) 또는 L3C(Low-profit Limited Liability Company) 형태를 많이 활용하고 있다.

한편, 사원이 노무나 신용으로 출자할 수 있는 합명회사는 거의 활용되지 않는다. 합명회사는 주식회사나 유한회사와 달리 사원이 무한책임을 진다. 합명회사의 변형인 합자회사는 무한책임사원이 사업의 경영을 맡고 유한책임사원이 자본을 댄다. 합자회사는 사원 간 신뢰를 기초로 운영되기 때문에 조합적인 성격이 있어, 소셜 비즈니스 창업 때 더러 활용된다.

• **주식회사 설립 절차**(자료: 법제처 홈페이지 oneclick.law.go.kr)

1. 발기인(상법 제288조)

2. 상호의 결정

3. 정관 작성(상법 제289조)

4. 주식발행사항 결정(상법 제291조)

5. 발기설립 또는 모집설립 중 설립방법 결정

   1) 발기 설립일 경우

   발기인 주식인수(상법 제293조)→주금 납입(상법 제305조)→임원 선임(상법 제296조)→설립경과조사

   2) 모집 설립일 경우

   발기인 주식인수(상법 293조)→주주모집(상법 제301조)→모집주주 청약(상법 제302조)→발기인의 주식배정(상법 제303조)→주금 납입(상법 제305조)→창립총회(상법 제308조)→임원 선임(상법 제312조)→설립경과조사

6. 설립등기(상법 제317조)

7. 법인설립신고 및 사업자등록신청

혼자 풀기 어려운 문제를 해결하려 할 때는 협동조합

나의 삶 혹은 내 지인들의 삶을 바꾸고 싶은 사람들, 공동의 문제로 모인 사람들, 하나의 가치를 이루고자 힘을 모으려는 사람들은 협동조합 창업을 고려할 만하다. 2012년 12월 1일 협동조합기본법이 시행되어 공동의 목적을 가진 사람 5명만 모이면 누구든 협동조

합을 만들 수 있도록 법적 물꼬가 터지고 난 뒤[48] 2013년 9월 말까지 2,724개가 설립을 신고했다.[49] 매달 270개가 넘는 협동조합이 만들어졌다는 뜻이다.

그러나 몇몇 창업준비자들은 협동조합에 대해 몇 가지 환상에 가까운 기대를 보인다. 첫 번째는 '협동조합은 조합원이 소비자이니 마케팅이 필요 없다'는 것, 두 번째는 '협동조합은 조합원이 공동 소유하는 기업이니 저절로 민주적으로 운영된다'는 것. 세 번째는 정부와 지자체가 협동조합 운영을 지원한다'는 것.

물론 셋 다 환상이다. 협동조합이라 해도 조합원을 위한 마케팅을 해야 한다. 소비자협동조합의 효시로 꼽히는 로치데일 공정 선구자 조합도 그랬다. 외상거래에 익숙해서, 혹은 상품이 맘에 들지 않아 매장을 이용하지 않는 조합원들이 오죽 많았으면, 19세기에 벌써 20세기식 마케팅 전략인 마일리지를 도입했겠는가. 매장 이용 실적에 따라 조합원들에게 조합의 이익 잉여금을 나눠주는 로

---

48) 협동조합기본법 제정 전에는 농업협동조합, 수산업협동조합, 엽연초협동조합, 산림협동조합, 중소기업협동조합, 신용협동조합, 새마을금고, 소비자생활협동조합 등 8개 협동조합만 개별법에 의해 운영됐다.

49) 협동조합은 5인 이상의 발기인 조합원이 모여 시도지사에 신고하고 등기를 하면 설립할 수 있다. 설립에 필요한 서류는 9가지다. 정관 사본, 창립총회 의사록 사본, 사업계획서, 임원 명부 및 임원의 이력서 및 사진(가로 3cm, 세로 4cm), 설립동의자명부, 수입지출예산서, 출자 1좌당 금액과 조합원 또는 회원별로 인수하려는 출좌좌수를 적은 서류, 창립총회개최공고문(일간지 또는 게시에 의한 공고), 합병 또는 분할을 의결한 총회 의사록(협동조합법 제56조에 따른 합병 및 분할에 의한 설립의 경우에만 해당). 자세한 정보는 기획재정부가 운영하는 협동조합 홈페이지(www.cooperatives.go.kr)에서 볼 수 있다.

치데일의 운영 전략은 성공했고, 이것은 지금도 많은 소비자협동조합이 벤치마크하고 있다.

협동조합이 민주적으로 이뤄지려면 조합원을 의사결정에 참여시키기 위해 따로 노력해야 한다. 1인1표, 공동소유라는 원칙은 민주주의 국가에서 일어나는 문제에 똑같이 부닥친다. '나 하나쯤이야' 하는 정치 무관심이 정치의 비민주화를 야기하듯, 조합 경영에 대한 조합원의 무관심은 조합에 대리인 문제를 야기한다.

비민주적으로 운영되는 협동조합은 조합원이 아니라 임직원과 조합장들의 삶의 질만 높인다. 조합원이 245만 8,000명(2013년 9월 기준)으로 세계적으로도 손에 꼽히게 거대한 협동조합[50]인 한국의 농협이 왜 국내외에서 협동조합의 전범(典範)으로 꼽히지 못하는가? 왜 조합장 선거에 '5당3락'—5억 원을 쓰면 당선되고 3억 원을 쓰면 떨어진다—는 소문이 나도는가에 대해 생각해봐야 한다. 많은 조합원 수가 협동조합으로서의 성공을 의미하지는 않는다.

협동조합을 설립하면 정부나 지자체의 지원을 받을 수 있다는 기대도 버려야 한다. 협동조합 운영의 기본 원칙은 '자율'과 '독립'이다. 지원을 받으면 관리도 받게 된다. 자칫하면 운영의 민주성이 훼손될 수 있다. 만약 지원을 받는 협동조합이 있다면 그곳은 정부로부터 사회적협동조합으로 인가를 받거나 혹은 사회적기업 인증

---

50) 기획재정부 협동조합 홈페이지에 따르면 스위스 최대의 유통 마트이자 소비자협동조합인 미그로의 조합원 수는 200만여 명이다.

을 받았을 것이다. 아니면 지자체 지원을 받는 마을기업[51]일 것이다.

협동조합 경영에 성공하려면 무엇보다 '협동'과 '실력'이 필요하다. 협동조합으로서 정체성을 유지하려면 조합원의 참여를 이끌어 내 협동경영에 성공해야 하고, 시장에서 살아남아 영업을 지속하려면 시장경제논리와 붙어도 지지 않을 정신과 실력이 필요하다. 원주의료생협 출신인 최혁진 한국사회적기업진흥원 기반조성본부 본부장은 몬드라곤 등 성공한 협동조합의 비결을 세 가지로 꼽는다.

• 협동조합의 가치와 정신에 대한 공유
• 진출한 시장 내에서 뒤지지 않는 기술력 확보
• 자체적인 금융(자금) 기반 조성.

30만 명 최다 조합원의 소비자협동조합 한살림, 연 매출 3,000억 원대의 소비자협동조합 아이쿱(iCOOP), 원주 인구 11명 중 1명이 소속된 원주협동사회경제네트워크, 국내 최대 의료생협인 안성의료생협 등등 국내에서 성공적으로 운영되는 조직들 역시 정도 차이는 있지만 이 세 가지 요소를 갖추고 있다. 제각기 강점도 분명하다. 생명살림의 철학과 조합원 교육(한살림), 높은 소비자 편의성과 마케팅력(아이쿱), 지역 기반의 사회적 자본(원주협동사회경제네트워크), 주치의 같은 정기검진과 예방적 의료서비스(안성의료생협) 등등. 성공한 협동조합들에게는 주식회사나 자영업 형태였어도 사업으로서 성공할 만한 강점이 있다.

무엇보다 중요한 요소는 창업 미션이다. 소비자의 외면, 경기침

체, 외환위기 같이 조직의 생사를 가를 만한 고비를 넘고도 살아남
는 협동조합들은 분명한 창업 미션을 가지고 있다. 조합원 혹은 직
원들이 '우리 조직은 꼭 살려야 한다'는 결의를 품을 만한 가치와
명분이 분명하다. 잘되는 협동조합은 협동조합이라는 법인 형태
때문이 아니라, 협동할 만한 가치 혹은 철학을 제안하고 공유하기
때문에 잘된다는 뜻이다.

'창업 리스크를 여럿한테 분산할 수 있으니까' 혹은 '정부나 지자
체의 지원을 받으려고' 협동조합을 창업하려 한다면 한번 더 생각
해보자. 창업의 목적이 뭔지를. 협동조합은 협동경영을 더 잘할 수
있는 형식일 뿐이다. 함께 이루려는 공동의 목적이 분명하고 절실
해야 협동경영이 잘 이뤄진다.

• 협동조합 설립 절차

1. 발기인 모집 : 5인 이상

2. 정관 작성 : 목적, 명칭, 사업 등 포함

3. 설립동의자 모집

4. 창립 총회 의결(설립동의자 과반수 출석, 출석 2/3 찬성)

5. 설립신고(시 · 도지사)

6. 사무 인수 인계(발기인→이사장)

---

51) 마을기업은 마을공동체를 기반으로 5인 이상의 주민들이 조합원이 돼 출자한 협동조합형
기업으로, 마을주민이 주도적으로 지역자원을 활용해 안정적인 소득 및 일자리를 창출하
는 사회적 경제조직을 의미한다.

7. 출자금 납입

8. 설립등기 : 관할 등기소, 출자금 납입이 끝난 날부터 14일 이내

9. 협동조합 법인격 부여

협동조합의 유형(자료 : 서울시 사회적경제 홈페이지 se.seoul.go.kr)

◇ **소비자협동조합** : 조합원의 소비생활 향상을 위한 물품의 구매 또는 서
비스의 이용
예) 통신협동조합, 공동육아협동조합, 주택협동조합의 주택임대서비스

◇ **생산자협동조합** : 생산자 수익창출을 위한 공동판매 · 공동자재구매 ·
공동브랜드 등
예) 전통시장상인협동조합, 공동브랜드식당 · 미용실 · 숙박업, 진영
감협동조합

◇ **직원협동조합** : 특정사업을 영위하기 위해 직원이 조합을 소유 · 관리 ·
일자리 마련
예) 대리운전협동조합, 청소협동조합, 퀵서비스협동조합

◇ **다중이해협동조합** : 다양한 이해관계자의 복리증진 등에 기여하는 행위
예) 독거노인도시락배달협동조합(생산, 소비, 직원고용, 자원봉사, 후원 등
다양한 형태)

◇ **사회적협동조합** : 둘 이상의 서로 다른 유형의 이해관계자로 구성, 전체
사업의 40% 이상 공익사업 수행
예) 취약계층에게 육아서비스를 제공하는 보육사회적협동조합(교
사 · 자원봉사 · 후원 등)

협동조합은 영리로도, 비영리로도 운영할 수 있다. 특히 한국에서 비영리 협동조합은 사회적 협동조합이라 불린다. 사회적협동조합은 사실상 비영리법인에 가까운 혜택과 함께 배당 등 제한을 받는 점이 일반 협동조합과 다르다.

협동조합과 사회적협동조합의 설립절차는 비슷하다. 다만 시·도지사에 대한 신고로 법인격을 받을 수 있는 협동조합보다 사회적협동조합은 기획재정부의 인가를 받아야 하므로 좀 더 까다로운 편이다.

사업 구조도 다르다. 협동조합은 금융·보험업 외에는 어떤 업종이나 분야의 사업도 할 수 있지만, 사회적협동조합은 공익사업을 주사업으로 40% 이상 수행해야 한다. 협동조합기본법이 정한 공익사업은 범위가 넓다. 첫 번째는 지역사회 재생, 지역경제 활성화, 지역주민의 권익·복리 증진 등 지역사회가 당면한 문제 해결에 기여하는 사업이다. 취약계층에 복지, 의료, 환경 등 분야에서 사회서비스 또는 일자리를 제공하는 사업도 해당된다. 국가·지방자치단체로부터 위탁 받은 사업, 그밖에 공익 증진에 이바지하는 사업도 공익사업이다.

또, 이익금을 조합원에게 배당할 수 있는 협동조합과 달리 사회적협동조합은 배당이 제한된다. 사회적협동조합의 해산 후 잔여재산은 사회적협동조합연합회나 유사한 목적의 사회적협동조합, 비영리법인이나 공익법인에 넘겨야 한다. 법정적립금 비율도 잉여금의 30% 이상으로 10%인 협동조합보다 높다.

이러한 제한 대신 사회적협동조합은 비영리법인으로서 세금 혜택을 받는다. 고유목적사업에 대한 법인세가 면제되고 수익사업에 대해서만 납세의무를 지는 것이다. 또, 고유목적사업준비금 설정을 통해 법인세 부담을 차기로 이연시킬 수도 있다.

〈표〉 협동조합과 사회적 협동조합 비교(자료 : 재단법인 동천, 서울시 종합)

구분	협동조합	사회적 협동조합
적용 법령	협동조합기본법 (상법상 유한책임회사 규정 준용)	협동조합기본법(민법상 법인 규정 준용)
인·허가 및 관리·감독	시·도지사 (연합회의 경우 기획재정부장관)	기획재정부장관 등 중앙행정기관
설립행위	5인 이상 조합원 자격의 발기인이 정관작성－창립총회의 의결－시·도지사에 신고	5인 이상 조합원 자격의 발기인이 정관작성－창립총회의 의결－기획재정부장관의 인가
공통점	• 구성원의 복리증진과 상부상조 목적 • 조합원의 1좌 이상 출자의무 • 조합원의 의결권과 선거권은 출자좌수에 관계없이 평등 • 인증 사회적기업의 경우 5년간 법인세 50% 감면, 취득세·등록세·재산세 감면	
특징	• 영리·비영리조합 형태 모두 가능 • 설립목적 달성 위해 필요한 사업을 자율적으로 정관으로 정함. • 상속세 및 증여세법상 공익법인으로 분류되는 경우 상속세, 증여세 비과세	• 비영리협동조합만 가능 • 조합원에 대한 소액대출 및 상호부조 가능* - 고유목적사업에 대한 법인세 면제. 수익사업에 대해서만 납세의무 부담. - 고유목적사업준비금설정을 통해 법인세 부담을 차기로 이연시킬 수 있음
배당 여부	배당 가능	배당 금지
법정 적립금	잉여금의 10% 이상	잉여금의 30% 이상
해산 시 잔여재산	채무변제 후 잔여재산이 있을 때 정관으로 정하는 바에 따라 처분	부채 및 출자금 변제하고 잔여재산이 있을 때 정관으로 정하는 바에 따라 상급 사회적협동조합연합회 등에 귀속**

* 협동조합기본법 제94조(조합원에 대한 소액대출 및 상호부조) ① 사회적협동조합은 제45
조제3항에도 불구하고 상호복리 증진을 위하여 주사업 이외의 사업으로 정관으로 정
하는 바에 따라 조합원을 대상으로 납입 출자금 총액의 한도에서 소액대출과 상호부조
를 할 수 있다. 다만, 소액대출은 납입 출자금 총액의 3분의 2를 초과할 수 없다.

** 협동조합기본법 제104조(잔여재산의 처리) 사회적협동조합이 해산할 경우 부채 및 출
자금을 변제하고 잔여재산이 있을 때에는 정관으로 정하는 바에 따라 다음 각 호의 어
느 하나에 귀속된다.
 1. 상급 사회적협동조합연합회
 2. 유사한 목적의 사회적협동조합
 3. 비영리법인 · 공익법인

재원 마련하기
: 미션과 생존을 동시에 달성하는 재원 창출 전략

만약 진실로 긍정적인 변화를 바란다면 긍정적인 변화를 달성하기 위해 가장 효
과적인 방법을 강구해야 한다. 현존하는 방식이 이런 목적을 달성하는 데 부족한
면이 있다면, 사회적 변화를 위한 자본 조달 혁신이 필요하다. 무엇보다 현 시점에
서 가장 필요한 것은 연구보다 실천이다.

_제드 에머슨 외 4인, 《모험하지 않으면 얻는 것도 없다》

한 비영리단체의 사회적기업 컨설턴트가 우스갯소리처럼 말했
다. "마을기업을 설립해 소셜벤처대회에 나가 상금을 받은 후 청년
등 사회적기업가 육성사업 지원을 받고 예비 사회적기업을 거쳐
사회적기업 인증을 받는 거예요. 그러면 한 6~7년 버틸 수 있지 않
겠어요?"

솔직하게 말하자. 사회적 문제에 관심 없던 사람들이 소셜 비즈
니스에 관심 갖는 가장 큰 이유 중 첫 번째는 지원금, 그 다음은 공
공기관에 대한 영업 루트 확보일 것이다. 나쁘지 않다. 그 과정에서

사회적 가치가 높은 서비스나 재화를 더 많은 사람들한테 제공할 수 있다면, 혹은 직원들을 위한 괜찮은 일자리를 더 많이 창출할 수 있다면. 취약계층이 자신의 밥벌이를 만들어내는 건 개인적으로는 이기(利己)지만 사회적으로 보면 이타(利他)다. 그것만 해내도 공공 부문에서 주는 지원금이 '눈 먼 돈'이라는 소리를 듣진 않을 것이다. 분명한 미션을 가지고 출발하는 소셜 비즈니스 스타트업들이 지원금을 최대한 따내는 건 부끄러운 일이 아니다.

지원금이나 기부금은 소셜 비즈니스의 창업 재원 중 하나다. 한국뿐 아니라 해외에서도 그렇다. 소셜 비즈니즈는 사회 문제 해소가 미션이다. 따라서 창업 리스크 또한 그 사회가 일정 정도 분담하곤 한다. 그 형태는 크게 세 가지다. 정부·사회공헌 부문의 지원금이나 기부금, 정책금융·사회공헌 부문의 융자금, 주주나 조합원의 출자금.

만약 내가 어떤 문제를 제기하고 그것을 해소하는 것을 미션으로 삼아 창업하겠다고 했는데 이 세 가지 중 어느 하나 받지 못했다면 그땐 창업을 다시 생각해보는 게 낫다. 그 사회의 선택을 받지 못한 창업 아이템은 소셜 비즈니스로 성공하기 어렵다. 시장 창출도 어렵다. 예를 들어 소비자협동조합을 창업하겠다고 했는데 조합원이 모집되지 않아 사업에 필요한 규모의 출자금이 모이지 않았다면 그 협동조합의 생존 가능성은 떨어진다. 장애인 일자리를 창출하는 소셜벤처를 만들었는데 투자자도 기부자도 없다면 그 사업은 창업자 개인이 조달할 수 있는 자금으로만 창업해야 한다. 혼자서 창업 리스크를 부담해야 한다.

창업 후 가장 매력적인 재원은 역시 매출이다. 매출은 그 자체로 창업한 사업의 사회적, 경제적 가치를 증명한다. 앞에서 앞서 예로 든 아름다운가게나 다솜이재단처럼 소셜 비즈니스의 매출은 승수 효과가 높다. 소셜 비즈니스들은 미션 사업으로 매출을 내기 때문에 매출이 높을수록 더 큰 사회적 가치나 환경적 가치를 창출한다. 그러므로 매출 계획을 맨 처음 짠 후 그것을 달성하기 위한 인력과 시설 등 비용구조를 설계해 그것을 기준으로 창업에 필요한 재원의 조달 계획을 짜는 것이 좋다.

이번에는 법인격별 자금조달원을 좀 더 자세히 살펴보자. 소셜 비즈니스의 법인격은 앞서 살펴본 비영리법인·단체, 조합, 상법상 회사 등 다양하다. 자금원 역시 출자금, 기부금, 교부금 등 그 법인 형태만큼 다양하다.

주식회사형 사회적기업이나 소셜벤처의 자금 조달원은 일반 주식회사와 같다. 투자자들의 출자금, 금융사를 통한 융자금이 주요 자금원이다. 사단법인·재단법인 등 비영리법인은 기부금이, 협동조합은 조합원으로부터 받는 출자금이 주요 자금원이다. 단, 정부 인가를 받은 사회적 협동조합이나 지자체가 선정한 마을기업은 공공 부문의 지원금을 받는다.

마을기업은 지자체가 사업비 5,000여만 원과 함께 공간임대보증금 대여를 지원한다. 5인 이상의 구성원이 출자하되 자치구 내 주민이 70% 이상 참여해야 한다. 사회적기업, 사회적 협동조합이 인증이나 인가를 받을 때에 그러하듯 마을기업도 사업계획의 적절성 등 심사과정을 거쳐 지원대상으로 선정된다.

청년 등 사회적기업가 육성사업은 사회적기업 창업을 준비하는 자로 창업 아이디어를 보유하고 지속적으로 사회적기업 활동 의지가 있는 사람이나 팀을 지원한다. 이 사업의 지원 대상으로 선정되면, 창업 공간과 함께 사업화개발비 등 창업비용을 제공 받는다. 전문가나 사회적기업 육성 전문기관의 연계를 통해 경영 및 창업 자문 등 멘토링을 받을 수 있다. 사업 전개에 필요하다면 공공 부문이나 대기업 사회공헌 부문을 소개 받을 수도 있다.

사회적기업 인증을 받으면 인건비와 사업개발비, 시설비 융자 등을 지원 받는다. 정부는 사회적기업으로 인증 받은 후 고용한 직원에 대해 최저임금을 기준으로 인증 1년차에는 임금의 90%, 2년차에는 70%, 3년차에는 50%를 교부한다. 사회보험료도 3년간 차등지원한다. 전문인력에 대해서는 월 200만 원까지 최대 3명을 3년간 차등지원한다.

이처럼 소셜 비즈니스의 초기자본은 비교적 풍부한 편이다. 지원금이나 기부금은 상환 부담이 없으니 융자나 투자를 받아서 출발하는 일반 창업보다 유리하다. 만약 기술벤처일 때는 벤처기업 등 기술기업이 받는 지원과 함께 사회적기업 지원금을 함께 받을 수 있다.

초기자본 유치의 열쇠는 명확한 미션과 해법

초기자본을 조달하는 데에 성공한 스타트업 두 곳의 이야기를 들어보자. 바이맘은 '에너지 빈곤 퇴치'가 목적인 소셜벤처기업이다. 실내용 방한텐트 등 경제적인 방한·방냉 제품을 개발해 판매하고 수익 일부는 에너지 빈곤층에 제품 기부하는 데에 쓴다. 이 업체는 2012년 제1회 정주영 창업대회에서 4위를 수상했고, 2013년에는 'H-온드림 오디션'에서 론칭 부문 대상을 받았다. 한국사회적기업진흥원의 청년 등 사회적기업가 육성사업, LG전자의 친환경 예비 사회적기업 지원사업의 지원 대상으로도 선정됐다. 이 과정에서 바이맘은 수천만 원의 상금과 규모 있는 지원금을 받았다. 2013년 6월에는 사회적기업투자조합을 운영하는 미래에셋벤처투자를 통해 2억 원을 투자 받았다.

이 책의 첫 장에서 소개한 독립광고협회 인디애드는 사단법인이다. 이 단체가 임의단체 시절부터 받은 지원금과 상금은 모두 합해 1억 8,000만 원이다. 이곳은 아름다운가게의 뷰티풀펠로우로 선정되어 매달 150만 원의 생활비와 함께 법률, 세무 지원까지 3년간 '무상으로' 지원 받는다. 사회적기업을 육성하는 전문가그룹 소셜벤처파트너스서울(SVPS)은 이곳에 1,000여만 원과 전문가 멘토링을 제공한다.

인디애드는 한국사회적기업진흥원의 '청년 등 사회적기업가 육성과정'에도 선정됐다. 여기서 들어온 돈은 2,500여만 원. 2013년 3

월에는 현대자동차그룹과 정몽구재단이 주최한 'H-온드림' 오디
션에서 인큐베이팅 분야 지원대상자로 선정된 덕분에 8,000여만
원의 사업개발비를 확보했다.

이러한 사회적 자금은 '명확한 사회적 미션'에 반응한다. 인디애
드를 예로 살펴보자. 이곳의 미션은 '광고 평등'이다. 많은 영세자
영업자, 소기업들이 마케팅비가 없어 소비자한테 다가갈 기회를
얻지 못하고 있는 현실에서 "무료 혹은 저렴한 비용으로 광고를 제
공하겠다"는 미션은 재단, 전문가 등으로부터 사회적 공감을 얻었
다. 바이맘은 '에너지 빈곤 퇴치'가 미션이다.

하지만 이런 지지 기반을 '옳은 일을 하겠다'는 당위만으로는 얻
을 수 없다. 창업가가 여러 어려움을 헤치고 문제 해결에 이를 수
있는 의지와 능력이 있는 사람이라는 확신을 줘야 사회적 투자자
들이 움직인다. 인디애드는 대표자가 광고판에서만 8년여의 경력
을 쌓았고, 실제로 사회적기업과 지역소기업을 위해 무상광고를
제작해주고 있었다. 바이맘은 사명감으로 개발한 텐트가 개발 단
계에서 1억 원어치나 팔렸다.

이런 자금의 장점은 자본뿐 아니라 인맥, 영업망 등 사회적 자본
이 함께 제공된다는 것이다.

박정화 인디애드 대표는 "돈 자체보다는 지지 기반, 네트워크를
얻은 게 더 큰 도움이 됐다"고 말했다.

"자기 확신이 모호해지고 있었을 때에 사회적 투자자들은 제가
하는 일이 옳다는 확신을 줬어요. 이 사업을 시작했을 때 지인들은

미쳤다고 했거든요.”

또 하나의 장점은 비즈니스 모델을 검증 받을 기회를 얻는다는 점이다. 창업가 본인이 해결할 수 없는 문제, 너무 큰 목표를 세우면 해법 마련에 실패할 수 있다. 이럴 때는 여러 가지 경연대회에 출전하거나 정부 지원 프로그램에 지원 신청을 내보는 게 도움이 된다. 심사과정을 거치는 동안 자신의 비즈니스 모델을 검증 받을 수 있다. ‘탈락’ 혹은 혹독한 심사평은 시행착오 비용을 줄이는 기회가 된다.

정부 지원금이나 사회공헌자금의 단점은 유연성이 없다는 점이다. 지출 보고 조건이 까다롭다. 지원을 받을 때 정해진 항목대로 써야 한다. 박 대표는 개인으로는 500만 원이면 될 일에 3,000만 원을 써야 했던 적도 있었다. 물론 대회 상금은 사용에 제한이 없다.

김민욱 바이맘 대표는 자금보다는 경험을 먼저 쌓는 게 중요하다고 말한다. 소셜 비즈니스의 성공은 사회적 미션 달성에 달려 있기 때문이다. 그는 “정주영 창업대회 입상 후 벤처캐피털로부터 투자 제안이 왔지만 수익 분배 구조가 우리 미션에 맞지 않아 받지 않았다”며 “그 후 1년 동안 우리 힘으로 성장하면서 시장에서 내공을 쌓을 수 있었다”고 말했다.

그 과정에서 무엇보다 그 자신과 직원들의 창업 신념이 확고해졌다. 그는 “처음에 에너지 빈곤 해소를 미션으로 잡았을 때는 그저 개념이었는데, 현장에 뛰어들어 어르신들의 고통을 실제로 보면서 여기에 목숨을 걸어야겠다는 책무감이 더 강해졌다”며 “외부 자금은 나중에 꿈꾸고 사업 현장부터 나가라”고 잘라 말했다. 사회적 미션이 강하고 명확하면 사회의 지원은 따라온다.

그러나 시장은 냉혹하다. 큰 대회에서 상을 받고 사회적 투자자들의 지원을 받았다 해도 시대 변화에 따라가지 못한 사업은 죽는다. 대회 입상 경험이 있는 한 사회적기업가는 “사업에 가장 큰 위기는 과거에 들었던 주변의 격려에 집착해 변화의 타이밍을 놓칠 때 온다”고 말했다. 그의 사업은 창업 때만 해도 정부와 시장이 외면하던 영역이었으나, 2년여 전부터 정부와 기업의 사회공헌 영역이 시장에 직접 뛰어들면서 위기에 처했다. 그는 지난해 정부 용역을 통해 사업 노하우 일부를 이전하고 현재 다른 소셜 비즈니스를 개발하고 있다. 이것은 그 사이 그가 쌓은 신뢰로 새로운 투자자를 모집하는 데에 성공했기에 가능한 일이었다.

<표> 청년벤처 및 소셜벤처 발굴 경연대회(자료 : 2012년 이로운넷, 지원 내용은 매년 소폭 변동)

대회명	주최/주관	지원 내용	선발 과정
소셜벤처 경연대회 (www.socialenterprise.or.kr)	고용노동부/한국사회적기업진흥원 (연1회 개최)	1. 특전 : 예선심사 통과 시 역량강화 프로그램 제공, 본선심사 통과 시 차기년도 사회적기업가 육성사업 우선 선발권 부여(창업 부분에 한함) 2. 상금 : 창업 대상 3천만 원, 글로벌 대상 1천만 원, 일반 아이디어 대상 1천만 원, 청소년 아이디어 대상 300만 원, 각 부문별 최우수 우수 장려상에 100만~1천만 원 (자세한 내용은 홈페이지 참조) 3.아시아소셜벤처대회 진출권 : 일반 아이디어·창업·글로벌 대상, 창업 최우수상, 글로벌 최우수상·우수상	참가자 접수▷예선 심사(서면) ▷역량강화 프로그램 실행▷최종제안서 접수 및 본선 심사(서면 또는 종합심사)▷결선대회▷아시아소셜벤처대회 (결선대회 상위입상자 중 일부)▷대회 평가 및 사업연계지원
SK세상 콘테스트 (www.sesang.com)	행복나눔재단 (연 1회 개최)	1. 상금 : 1등(1개 팀) 3천만 원, 2등(1개 팀) 2천만 원, 3등(3개 팀) 1천만 원 2. 사업별 Peer 컨설팅 지원 -기획·전략·영업 등 경영 전반에 관한 멘토링·모니터링	사업 아이디어 제안 ▷서류 심사 ▷멘토링▷서류 및 발표 심사
H-온드림 (h-on dream.kr)	현대차, 정몽구재단 / 씨즈 (연 1회 개최)	1. 시상 : 런칭그룹 및 인큐베이팅 그룹 등 2개 그룹 총 30팀 2. 상금 : 2개 그룹별로 H-온드림 대상(1팀) 3천만 원, 혁신상 각 1천만 원, 비전상: 각 1천만 원, 도전상 각 5백만 원 3. 지원 : 팀당 최소 5천만 원, 최대 1억 5천만 원 범위 내 사업개발비 지원(공간임대료, 멘토링 비용포함), 최대 1년간 심화 멘토링 제공, 사업 평가를 통한 인센티브 제공 4. H-온드림 예비 펠로우 자격 부여	그룹 5개 분야별 예선▷그룹별 결선
청년 기업가 대회	기업가정신재단, 머니투데이 (연 1회 개최)	1. 상금 : 대상(1팀) 5천만 원, 우수상(2팀) 1천만 원, 장려상(2팀) 각 500만 원, 나머지 결선진출팀(5개 팀 내외) 각 200만 원 2. 지원 : 결선진출팀 대상 벤처기업가의 멘토링 및 교육, 실리콘밸리 사업아이디어 발표회 및 투자유치 기회 제공 3. 투자 : 각 팀 최고 5천만 원	예선(20팀 내외 선정) ▷본선(10팀 내외 선정)▷결선(5팀 선정)

<표> 민간의 청년 소셜벤처 인큐베이팅 프로그램(자료 : 이로운넷, 2012)

기관명	지원한도	지원 방법	지원 분야 및 지원 연계 기관
LG전자 사회적기업 활성화 기금	총 80억 원 기업당 3억 원 지원	공모로 선정 최대 3억 원의 재정 지원 경영자 교육, 판로 개척 등 경영 전반에 관한 종합적 지원.	신재생에너지, 에너지효율화, 재활용 및 폐기물, 친환경 푸드 및 용품, IT기반 녹색성장, 기타 환경보건 등 녹색성장에 초점을 맞춘 6개 분야. 고용노동부-환경부와 체결한 「다자간 협력모델을 통한 사회적기업 활성화 지원 사업」의 일환.
삼성 사회 봉사단 SGS 사회적기업가 아카데미	경기도 내 창업 시, 창업 융자금 5천만 원, 창업자금 5백만 원 지원	교육비 전액 무료 수료생 중 우수 교육생에게 창업융자금(최대 5천만 원), 창업자금(최대 5백만 원)지원 경기도 예비사회적기업 지정 우대 등 인센티브 제공	이론 학습과정 16과목 2개월, 실전 워크숍 1개월의 총 3개월 과정 교육프로그램 우수 수료자에게 창업자금 제공 성균관대학교, 경기도, 삼성(SGS) 아카데미 공동 진행
아름다운가게 뷰티풀펠로우	선정된 뷰티풀펠로우 개인에게 3년간 매달 150만 원 생활비 지원	사회적기업가, 즉 사람에 대한 종합적인 지원 선배 사회적기업가 멘토링, 해외 연수, 법률 및 세무 지원 등 사업모델의 정착 지원 아름다운가게의 유·무형 인프라 활용 지원	장애인 취업문제, 육아문제, 청년계층의 진로 고민 등 사회 문제 해소 아름다운가게 단독 프로그램

성장자본은 주주, 조합원 등 이해관계자들로부터

여러 번 말하지만 소셜 비즈니스도 비즈니스다. 지원과 격려만으로는 계속 살아남을 수 없다. 초기자본이 떨어져갈 때 진짜 고난의 행군이 시작된다. 초기 창업단계를 지난 회사가 적자는 벗어날 정도로 매출을 올리고 있지만 성장에 필요한 잉여는 쌓이지 않았을 때 가장 힘든 시기를 보낸다. 사회적 미션을 수행하면서 BEP(손익분기점)를 달성했다는 건 시장과 사회에서 존재 가치를 인정받고 있다는 뜻이다. 폐업하면 안 되는 사업이다. 그런데 시장에서 살아남으려면 이때쯤 추가 투자가 필요하다. 소셜 비즈니스는 이 돈을 구하기가 쉽지 않다.

어느 기업이든 안정적인 규모로 성장하려면 추가적인 행정 인프라 구축, 직원 교육, 신규 상품 개발, 생산력 확대 등 시장 확대를 위한 자본이 필요하다. 일반 비즈니스는 이 단계에서부터 소셜 비즈니스보다 유리하다. 시장에서 검증된 스타트업들에게는 투자 이익을 얻으려고 들어오는 엔젤투자자나 벤처캐피털, 개인투자자들이 줄을 선다.

그런데 소셜 비즈니스 업체들은 이 단계에 진입하더라도 위험감내자본[52]을 찾기 어렵다. 시장의 투자자들은 위험 감내에 대한 재무적 대가를 요구하고 사회적 가치를 위해 위험을 감내하는 자본은 많지 않다. 국내에서는 정부와 대기업 사회공헌 부문이 공동출자한 사회적기업투자조합이 전환사채 형태로 사회적기업에 투자한다. SK, 포스코, 현대자동차그룹 등 대기업들이 사회적기업에 투자할 경우 비영리단체일 때는 기부금, 주식회사일 때는 지분 형태로 투자한다. 다만, 그 대상은 대개 자사의 사회공헌 사업이거나 연계사업일 경우다. 그 외 소셜 비즈니스에 대해서는 스타트업이나 창업준비단계에서 지원해준다.

사회적기업에 대한 성장자본은 대개 융자형태다. 미소금융중앙재단은 임대차보금증이나 시설·운영자금 용도로 최대 1억 원을 5년간 3~4.5%의 이자율로 꿔준다. 이 자금은 함께일하는재단, 민생경제정책연구소를 통해 대출 받을 수 있다. 사회연대은행은 산업은행, KDB대우증권, 신용카드사회공헌위원회, LG전자, 한국전력의 사회공헌자금으로 성장자본을 융자해준다. 대출조건은 자금원에 따라 다르나 시중은행 금리보다는 훨씬 낮다. LG전자가 정한 녹색성장 분야 예비사회적기업일 경우에는 지원금을 받을 수도 있다.

이러한 융자 지원이 소중하기는 하나 지속적이지는 않다. 소셜 비즈니스에 가장 좋은 자본가는 역시 이해관계자다. 사업 취지에 공감하는 주주, 조합원 같은 파트너가 충분히 있다면, 성장자본을 조달할 수 있다. 주식회사 형태의 소셜 비즈니스는 특히 창업가의 열정과 의지가 자산이 된다. 미션을 달성하겠다는 분명한 의지, 그리고 재무적 가치와 사회적 가치를 창출한 실적이 있다면 어떻게든 살아남을 수 있다.

누구보다 확실한 투자자는 창업자 자신, 창업공동체 그 자체이다. 창업자가 자기 돈을 투자하지 않는 사업이라면 그 사업의 미래는 어둡다. 소셜 비즈니스 창업자들은 시장과 사회가 돌아보지 않았던 어두운 구석에서 빛이 되겠다고 들어간 사람들이다. 이들은 자신을 불태워 전망을 만들어낸다. 장기간 적자를 감내하다가 살

---

52) 위험감내자본이란 스타트업(사업을 시작하는 기업)이나 확장기의 기업, 구조조정 기업에 주도적으로 참여해 투자하는 자본이다. 재무적 손실 가능성을 감내하면서 기업 성장의 발판을 놓아준다.

아난 국내의 사회적기업들을 보면 헌신적인 창업가와 직원이 있다. 이들은 사업 전망이 어둡더라도 자신의 미션을 달성하기 위해 자기 돈을 넣는다. 급여 삭감을 감내한다. 물론 다들 자발적으로 한 선택이었다. 특히 사회적기업육성법 시행 전후인 2007년 무렵 창업한 1세대 사회적기업들은 자력으로 살아남은 곳들이 많다. 이들은 창업자 개인 돈이나 주주 돈을 가수금 형태로 회사에 집어넣거나 대표자 명의로 융자를 얻어 '죽음의 터널'을 건넜다.

그때에 비해 사회적투자조합 등 각종 성장자본이 확충된 2011년 이후 창업자들의 조건은 훨씬 나은 편이다. 2012년 서울시 사회투자기금 등 사회적 투자자들은 계속 늘고 있으므로, 앞으로 창업할 소셜 비즈니스들은 성장자본을 얻기가 좀 더 수월할 것으로 기대된다. 그렇다 해도 외부 투자 자금은 2순위 재원으로 미뤄두자. 다시 한 번 말하지만, 소셜 비즈니스의 가장 좋은 자본가는 창업자, 직원, 소비자, 수혜자 등 이해관계자다. 이들이야말로 원래의 창업 사명과 기업의 지속성을 지켜주는 인내자본가들이다.

1세대 사회적기업가 중 한 명인 이철종 함께일하는세상 대표는 2013년 12월 초, 자신의 페이스북에 글을 올렸다. 2013년에 60억 원의 매출을 돌파하면서 창사 이래 최대 수익 달성을 앞둔 이 기업가는 여기까지 오기 위해 직원들과 함께 죽음의 터널을 건넜다.

"경영은 자원을 동원하고 조합하여 성과를 만들어 내는 것이라고 할 수 있다. 내부자원에는 자본도 필요하고 인력도 필요하다. 외부에서는 협력네트워크와 정보도 있어야 할 것이다. 어느 하나 부족하면 경영은 삐걱댄다. 그런데 우리가 사회적기업을 하면서 어느 하나라도 충분했던 적이 있던가? 모든 것이 부족한 상황에서 출발하고 있으며, 그런 부족한 자원 속에서 성과를 만들어나가고 있다.

그래서 경영은 자원을 가지고 하는 것이 아니라 의지를 가지고 하는 것이라 생각된다. 자원이 없는 상태에서의 인수합병으로 부채가 20억이 넘어가고 한 달에 1억 5천만 원씩 적자가 쌓여갈 때 어디에도 이 위기를 넘어서게 해줄 자원이 없어 보였다. 내 생명보험금을 생각하는 극한의 상황까지 몰렸을 때 정말 끝일 것이라고 생각했다. 내가 동원할 자원은 이제 내 목숨값 밖에는 없었으니까.

그렇게 모든 자원이 다 바닥난 상황에서 우리는 아직까지 함께 일하는세상을 하고 있다. 경영위기 때의 부채가 절반 아래로 내려가 있고, 회사 창립 11주년인 올해에는 역대 최고 매출과 순익을 올리게 된다. 모든 자원이 바닥나고 모두가 회생불능이라 여겼던 사회적기업이 그 바닥을 딛고 다시 서 있다. 요즘 경영의 어려움으로 힘들어하는 사회적기업가들을 많이 보게 된다. 그럴 때 자신에게 스스로 용기와 의지를 불어 넣어 주자.

아직 모든 것이 끝난 것이 아니라고, 우리에게는 바닥날 수 없는 경영의 절대자원인 불굴의 의지가 있다고. 그 의지는 바닥난 그 모든 자원들을 다시 채워줄 것이라고. 포기하지 않으면 끝난 것이 아니라고. 우리 인생은 아직도 몇 십년은 남아 있지 않은가. 시간은 아직 충분하다."

나는 진짜 창업할 준비가 되어 있는가
: 창업가와 컨설턴트들의 조언

탐험을 준비하는 법에 있어 가장 중요한 요소는 이것이다. ─ 모든 난관을 예견하는 것, 그리고 난관을 만났을 때의 대비책을 마련하는 것 혹은 난관을 피하는 것─ 승리는 모든 것을 제대로 갖춘 사람을 기다린다. 사람들은 그것을 행운이라고 부른다. 패배는 필요한 준비를 제때 하기를 등한시 한 사람의 것이다. 이것은 불운이라 불린다.

_로알 아문센, 인류 최초로 남극점에 도달한 탐험가

이번에는 내 이야기를 해야 하겠다. 창업을 준비할 때는 행복했다. 좋은 일로 돈도 버는 비즈니스 모델을 증명해보이겠다는 희망에 부풀어 있었다. 머니투데이 · 희망제작소와 창업 미션에 공감한 개인투자자─나를 포함한─들이 마련해준 종잣돈은 두둑했고, 기자들이 찾아와 출범할 사업을 취재해갔다.

론칭 후 우리의 사업은 꽤나 호응을 얻었다. 우리가 발굴한 사회적기업 등 윤리적 공급자들 이야기가 방송과 신문, 포털사이트에 실리면서 '이로운몰'은 윤리적 소비 전문 쇼핑몰로 이름을 알렸다.

기자들이 윤리적 소비를 주제로 기사를 쓸 때 우리에게 전화를 걸어 문의하거나 자료를 요청할 정도였다.

우리 머천다이저가 발굴한 업체가 대박을 터트리면 우리 일처럼 기뻤다. 장애인 직원 채용을 늘린 사업장이나 우리의 스토리텔링으로 전화가 불통될 정도로 문의가 급증했다는 업체가 나오기도 했다. 영세 사업장에 주문이 급증해 일손이 부족하면 우리 직원들이 직접 가서 함께 포장 작업을 했다.

우리의 사업은 영리사업자한테는 시장 평균의 판매수수료를 받아 일부를 기부하고 사회적기업 등 공익적 사업자한테는 저렴한 수수료를 받아 운영되었다. 그걸 알면서도 사회공헌을 위해 입점하겠다는 영리사업자도 꽤 있었다.

가장 기뻤던 건 고객들 반응이었다. VIP 할인을 받던 어떤 회원은 "내가 이것(윤리적 소비) 외에는 달리 낙이 없다"며 VIP리스트에서 제외해달라고 요청했다. 사회적기업 제품을 자주 사는 한 회원은 매년 직원 수만큼 수면양말과 간식을 보냈다. 손으로 쓴 엽서를 보내 우리를 격려해주는 회원도 있었다. '생산자와 소비자를 잇는 이로운 네트워크를 만들겠다'는 우리의 사명은 조금씩 이뤄지고 있는 듯 보였다.

그러나 번민은 윤리적 소비 쇼핑몰 이로운몰을 론칭한 지 1년쯤 지났을 때 시작됐다. 사업은 내내 적자였다. '박리다매'는 아무나 하는 것이 아니었다. 게다가 우리가 스토리텔링으로 이름을 알려준 제품은 차차 해당 공급사 홈페이지에서 더욱 잘 팔렸다. 이로운몰 고객이 공급사 고객으로 옮겨간 것이다. 하지만 어쩌랴. 윤리적 공급사를 알리고 매출을 늘리는 게 우리의 사명인 것을. 론칭 1년 후 회원 및 매출 증가세는 둘 다 제자리 걸음이었다.

우리 투자자들이 마련해준 자본은 바닥을 보이기 시작했다. 발사된 위성체가 궤도에 진입하기도 전에 추진력이 떨어진 꼴이었다. 2차 추진체가 필요해보였다. 기술보증기금으로부터 벤처기업 인증과 함께 1억여 원의 대출을 받았다. 다시 얼마간의 시간이 내게 주어졌다.

마음이 조급해졌다. 과연 이 사업은 궤도에 오를 수 있을까. 시장에서 자기 입지를 장악할 수 있을까. 속이 타들어갔다. 사명을 이루기 위해서라도 일단 살아남아야 했다. 돈 되는 일이 뭘까, 주위를 살피게 됐다. 이로운몰의 콘텐츠 마케팅을 보고 홍보 자문을 부탁하는 기업들이 나타났다. 돈도 주겠다고 했다. 나는 콘텐츠 마케팅 컨설팅을 하기 시작했다. 이로운몰을 궤도에 올릴 때까지만 '앵벌이'로 직원 급여를 벌자는 심산이었다. 당시 나는 이로운몰 대표를 하면서 머니투데이 기자로 기사도 쓰고 있는 상황이었다. 업무는 세 가지가 됐다. 이로운몰 운영, 컨설팅, 기사 작성.

되돌아보건대 이건 미친 짓이었다. 아무리 에너지가 넘치는 사람이라 해도 한 사람의 시간은 하루에 24시간이다. 나와 직원들은 지쳐갔다. 주력사업에 집중할 수가 없었다. 아니, 정확히 말하자면 주력사업의 비즈니스 모델, 즉 가설이 옳은지 검증하는 데에 제대로 집중할 수가 없었다. 그제야 창업하기 전에 좀 더 감안했어야 할 요소들을 놓쳤다는 걸 깨달았다. 서두르지 않았다면, 좀 더 준비했더라면 하지 않았을 실수 때문에 시행착오를 겪고 있다는 걸 뒤늦게 알아챈 것이다.

더 큰 문제는 그러고도 내 가설이 틀리지 않았다고 고집을 부렸다는 점이다. 그 때문에 잃을 필요 없었던 자금과 시간을 잃었고, 잃지 않길 바랐던 동료도 잃었다. 용역 프로젝트를 시작했을 때에는 자금 여력이 없어 우리가 먼저 지급할 자금과 직원 급여를 주기 위해 나는 적금과 퇴직금은 물론, 신용카드 현금서비스까지 받아서 써야 했다. 내가 금융기자였던 시절, 창업자가 절대로 하지 말아야 할 일이라고 기사로 썼던 짓을 내가 하고 있었다. 나는 준비 없이 창업했고, 회사는 죽을 위험에 처해 있었다. 남극 탐험길의 로버트 스코트 같은 상황이었다.

남극 탐험에 나서기 전 스코트는 준비와 지식이 부족했다. 준비도 지식도 없으면 옳은 판단을 내릴 수 없다. 그는 조랑말에 식량과 짐을 실었다. 조랑말은 추위에 약했다. 극점에 도달하기 전에 조랑말은 얼어 죽었고, 산더미 같은 짐은 대원들 몫이 됐다. 생존이 위협 받는 상황. 그래도 스코트는 전진을 외쳤다. 결국 조용히 떠난 아문센의 탐험대가 먼저 도착했다. 언론의 스포트라이트와 영국 국민의 기대 속에 떠난 스코트의 탐험대는 돌아오지 못했다.

다행히 우리 회사는 죽지는 않았다. 스코트와 달리 나는 다른 탐험가, 즉 선배 사업자에게 구조요청을 보냈고, 2011년 상품개발 전문가인 박강태 ㈜화평동 대표(그는 앞서 소개한 해피브릿지 협동조합의 창립멤버이기도 하다)가 이로운넷 공동대표로 취임했다. 2013년에는 식품 유통 전문가인 안민재 쿠키쇼핑 대표가 이로운몰 운영 대행을 맡았다. 박 대표를 비롯해 해피브릿지, DNI컨설팅, 바리의꿈, 쿠키쇼핑, 벼리커뮤니케이션 등 우리의 공급사와 관계사들이 새로운 사회적 투자자로 참여했다. 우리는 아문센처럼 승리하지는 못했지만 스코트처럼 죽지도 않았다. 여하튼 살아남았다.

2013년, 우리는 새로운 목표를 세웠다. '모두에게 이로운 식품을 누구든 먹을 수 있는 가격으로 공급하는 것', 페어푸드(Fair Food)로 미션을 압축했다. 그게 생산자에게도 소비자한테도 공정한 상품이므로. 우리는 커피 테이블에 있던 공정무역을 우리 밥상 위에 올리기로 했다. 윤리적 생산품을 최저임금 생활자도 구매할 수 있는 가격으로 판매하는 것, 공정무역을 한국화하는 일이다.

우리의 미션을 담은 첫 상품은 이로운아침 유기농두유다. 앞서 소개한 사회적기업 바리의꿈과 손잡고 출시한 이 상품은 러시아 연해주에서 생산한 유기농콩으로 만들어 가격이 다른 유기농콩 두유는 물론 국산 콩 두유보다 싸다. 아울러 연해주의 고려인 일자리를 만드는 데에 수익을 배분한다. 생산지에서 콩도 구매하고, 소비지에서 일어난 수익도 배분하는 구조다.

새 사업을 구축하기까지 많은 시행착오를 겪었다. 만약 지금 알았던 것을 창업하기 전에, 아니 창업 1년 후 우리의 비즈니스 모델에 의심을 품었을 때 알았다면 달랐을까?

6년 전 나처럼 창업 준비생들에게 들려주겠다는 마음으로 다른 창업가들, 창업 컨설턴트들의 조언을 받아 창업 시 고려할 요소를 정리했다. 창업이라는 탐험에 나서기 전에 대비할 일의 목록이다. 괄호 안에 조언 제공자를 적었다.

*** 조언자(가나다 순) : 김민욱 바이맘 대표, 김범진 시지온 대표, 김정현 딜라이트 대표, 라준영 가톨릭대 교수, 류은화 사회적기업센터 팀장, 무하마드 유누스 그라민 설립자, 박성철 함께일하는재단 사회적기업총괄지원팀장, 양동수 재단법인 동천 변호사, 이경실 사회연대은행 사회적기업본부장, 이기대 아름다운가게 상임이사, 이철영 아크투자자문 회장(전 바슈롬코리아 회장), 이철종 함께일하는세상 대표, 최혁진 한국사회적기업진흥원 기반조성본부장

◇ 창업 미션 정하기

• 풀고자 하는 문제의 구조를 파악한다.

소셜벤처경연대회에 출전하는 창업팀이 흔히 들고 나오는 미션 중 하나가 '기부 활성화'다. 그런데 문제의 원인과 구조에 대한 분석은 대개의 팀이 건너뛴다. 기부가 적은 것이 무슨 문제를 일으키는 걸까? 기부금, 즉 돈이 모이면 문제가 해결되는 걸까? 진짜 문제는 내가 보지 못한 곳에 있을 때도 있다. 문제를 푸는 해법을 찾으려면 문제를 일으키는 '구조'가 뭔지 알아내야 한다. 이건 소셜 비즈니스뿐 아니라 일반 비즈니스 창업 때에도 고려해야 한다. 사람들은 내 문제를 해결해주는 비즈니스에 지갑을 연다.

_이경숙, 김범진

• 나 혹은 내 주변 사람들이 느끼는 문제를 미션으로 잡는다.

먼 곳의 남을 돕는 것보다는 나, 혹은 내 주변이 느끼는 문제를 해소하는 사업 아이템이 성공할 가능성이 높다. 창업 미션이 추상적인 것, 먼 곳에 있는 남의 문제라면 실패할 확률이 높다. 사업의 대상, 즉 누구한테 팔 것인가가 구체적일수록 사업계획도 명료해진다. 사회적기업가로 양성할 뷰티풀펠로우를 선발하는 아름다운가게는 심사 때 풀고자 하는 사회 문제, 즉 달성하고자 하는 미션이 얼마나 자신의 문제로 내재화되어 있는가, 그 분야에서 얼마나 경험을 쌓았는가를 중요하게 본다. 창업으로 '내 문제'를 풀려는 사람이 끈기를 가지고 그 일을 계속할 가능성이 높기 때문이다.

_이경실, 류은화

• 인생의 의미를 찾을 수 있는 일.

우리는 모두 인생의 의미를 찾고 있다. 이기적인 존재가 아니라 '자기 자신'이 되고 싶어 한다. 소셜 비즈니스는 진정으로 '자기 자신'이 되고 싶어 하는 마음을 바탕으로 한다. 돈은 결과다. 돈을 버는 것과 다른 사람을 행복하게 하는 것은 상반되지 않는다.

_무하마드 유누스 강연

◇ 인적 자원 만들기

• 문제를 제기한다.

문제는 도처에 있다. 문제를 제기하는 것이 중요하다. 문제를 중심으로 사람이 모이고 협력하면서 방법을 찾아가고 실행해 나가야 한다.

_무하마드 유누스

• 경영팀을 꾸린다.

임계지점에 도달해야 핵반응이 일어나듯 창업도 첫 단계에서 어느 정도 머물러야 다음 단계로 성장한다. 혼자 그 시간을 버티긴 어렵다. 뜻이 맞는 사람들이 모이면 한 사람이 지쳐도 나머지 사람들이 지탱해준다. 야구 경기에서 투수를 바꾸는 것처럼 창업한 기업도 선수 교체가 필요한 때가 온다. 훈수꾼보다는 뜻을 같이 할 사람을 가급적 많이, 적어도 한두 명 만들라. 같은 판에서 같은 뜻을 가졌다면 경쟁하지 말고 합쳐서 같이 가면 된다. 나와 같이 출근해서 내 고민을 뚝 떼어서 가져가는 사람이 필요하다.

또, 스타트업은 외부로 불려 다니는 일이 많다. 내부 일도 중요하고 외부 약속도 중요하다. 외부와 커뮤니케이션하는 사람이 대표자 한 명이면 안 된다. 이사급으로 대외관계를 하는 사람이 필요하다.

_이기대, 김정현

• 외부 조력자를 만든다.

조직 내부뿐 아니라 외부에도 '내 사람'이 있어야 한다. 소비시장-공급망-인적 자원을 다 갖추고 시작해도 실패할 수 있는 게 사업이다. 사업에 위기가 왔을 때 새로운 수단을 동원하려면 돈,

채널 등 많은 자원이 필요하다. 그걸 동원하는 것이 '사람'이다.

조언자 그룹을 두는 것도 좋다. 기업의 일반적인 성장에 대해 여러 시행착오를 겪어 잘 알고 있는 선배 창업가나 관련 업계 전문가를 창업초기부터 조언자로 잘 곁에 두면 더 나은 선택을 할 수 있다.

_이철종, 김정현

◇ 창업 비용 줄이기

• 창업대회와 정부 지원을 적극 활용하라

미션과 비즈니스 모델을 확고하게 다지는 또 하나의 방법은 소셜벤처경연대회, SK세상콘테스트 등 창업대회에 나가는 것이다. 전문가인 심사위원들로부터 여러 가지 지적을 받는 과정에서 강제적으로라도 비즈니스 모델을 날카롭게 다듬을 수 있다.

_최혁진, 김민욱

• 인큐베이팅센터나 창업공간 공유서비스를 이용한다.

인큐베이팅센터에 입주하거나 정부와 지자체의 각종 여러 육성 프로그램의 지원을 받는 것도 좋다. 임대료 등 창업비용을 아낄 수 있는 건 물론, 다른 창업지망생이나 해당 분야 전문가와 교류하면서 시행착오를 줄일 수 있다. 요즘은 허브, 스페이스노아 등 창업공간을 공유하는 민간단체들도 속속 생기고 있다. 이런 곳에 가도 창업자 네트워크를 접할 수 있다.

_최혁진, 김민욱, 이경숙

• 창업 선배들로부터 배운다.

'프라이머' 등 벤처1세대 선배가 후배들을 돕기 위해 만든 교육 프로그램들이 있다. 실제 경영 현장에서 생기는 문제를 푸는 노하우가 있으면 창업기의 여러 리스크를 실용적으로 대비할 수 있다. 간단한 회계, 세무 지식 등 창업기 기업들이 주의해야 할 것들을 배우자. 주먹구구로 시작하면 탈이 난다. 안 내도 되는 세금을 내기도 한다. 또한 벤처기업에 주는 정부 지원금 등 여러 가지 비용 절감 노하우가 있다. 미리 거쳐 간 선배들은 이런 노하우를 안다.

_김정현

◇ 수익원 찾기

• 비즈니스 모델을 여러 개 세워 난상토론을 벌인다.

비즈니스 모델은 수익원에 대한 가설이다. 이 가설이 옳은지 아닌지는 실제로 사업을 해봐야 안다. 시행착오가 늘어나면 비용이 는다. 사업을 시작하기 전, 즉 투자를 하기 전에 가설을 여러 개 세워놓고 창업팀이 모여 난상토론을 해보자. 뜻하지 않은 리스크나 아이디어가 튀어나올 수 있다. 시장에서 검증 받을 만한 매력적인 가설이 나오지 않으면 창업을 미루자. 준비가 덜 되어 창업 후 시행착오가 늘어나면 창업팀이 지친다. 차라리 준비를 더 하자. 잘 되는 스타트업들은 준비기간만 2~3년 이상 되는 곳들이 많다.

_라준영, 이경숙

• 시장조사는 뛰면서.

설문조사, 문헌조사만으로 시장을 보면 착시가 일어날 수도 있다. 설문조사 때 응답자들은 본인의 실제 행동보다는 사회적으로 기대되는 행동에 체크할 가능성이 높다. 그래서 소비자 설문은 실제 시장에서 일어나는 소비자 선택과는 다른 결과가 나오곤 한다. 문헌에 반영되는 현실은 극히 일부다.

시장조사는 아주 기초적인 자료일 뿐이다. 여기서만 해답을 찾으려 들면 안 된다. 진짜 시장은 현장에서 알 수 있다. 수익원에 대한 가설을 세웠다면 영업부터 뛰어보자. 시장은 겪어봐야 안다.

_이철종, 이경숙

◇ **시장 진입하기**

• **시장을 움직이는 자와 연계를 만든다.**

들어가려는 시장이 있다면 그 시장을 주도하는 자가 누구인지를 파악해야 한다. 독과점적 사업자나 정부, 공공기관이 움직이는 시장일 경우에는 시장을 움직이는 자와 연계를 만들어두는 것이 좋다.

특히 소셜 비즈니스 창업을 준비하고 있다면 공공 부문의 사업계획을 눈여겨봐야 한다. 이미 사회 문제로 떠오른 사안이라면 공공 부문에서 유사 서비스를 제공하고 있거나 차기년도에 제공할 계획을 마련한 상태일 수도 있다. 공공 부문이 무료로 하는 서비스, 직접 제공하는 서비스를 이기긴 어렵다. 거의 백전백패다. 이러한 정보를 시장 진입 전에 알고 있어야 한다. 공공 부문이 돌아가는 시스템을

알면, 자신이 가지고 있는 소셜 비즈니스 아이템이 수요에 맞는지,
제도, 예산에 부합하게 설립되어 있는지 점검할 기회가 생긴다.

일단 진입하면 공공시장은 사회적기업에 유리하다. 사회적기업
에 대한 협력 소비 체제가 만들어지고 있는 공공시장은 소셜 비즈
니스에 종자가 되어주는 시장이다. 공공기관의 파트너로서 자신
의 사업 역량을 키울 기회를 마련하라.

_최혁진, 이철종

• 주력사업을 띄워줄 발판사업을 만든다.

주력 사업에서 아직 시장이 형성되지 않았거나 경쟁력을 만들
지 못했다면 유사 사업에서 '발판사업'을 만들자. 관련된 부가 사
업을 발판 삼아 주력사업의 경쟁력을 키우는 것이다. 예를 들어 장
애인 번역사를 양성하려는 사회적기업이라면 경력 단절 여성에
대한 번역사 양성교육사업부터 시작할 수 있다.

_이철종

◇ 창업 전후 마음가짐

• 욕심과 필요를 구분한다.

단순히 사업을 키우려는 동기로 뭔가 시작하는 것은 그저 내 욕
심일 뿐이다. 사람들이 필요로 하는 사업을 해야 한다. 사회적기업
가는 사회적 필요를 잡을 줄 알아야 한다.

_이철종

• 마음의 버팀목을 만든다.

창업은 탐험과 비슷하다. 10가지 난관에 대비하고 떠난 길에 100가지 난관이 나타날 수도 있다. 창업자에게는 책이든, 사람이든 힘들 때 지혜와 지식으로 마음에 버팀목을 괴어줄 존재가 필요하다. 예컨대 창업멤버가 3명이면 1명은 1년 안에 떠날 확률이 30% 정도 된다. 이런 경험을 나눠주는 사람이 주변에 있으면, 실제 그런 상황이 왔을 때 지치지 않고 버틸 수 있다.

_이경숙, 김정현

• 곧장 가기 어렵다면 우회로를 찾는다.

창업하고자 하는 분야의 경력이 없는 창업지망생이라면 둘 중 하나는 만들어야 한다. 창의적 해법 혹은 경험. 창의적 해법은 네트워크나 경험의 부족을 상쇄한다. 그런 건 다른 사람이 채워줄 수 있다. 그러나 창의성도 경험도 부족하다면 관련 분야에 취직해 좀 더 경험 쌓는 게 낫다. 관련 분야에 취직하면 뜻과 목표가 같은 동종업계 사람들을 만나 창업팀을 꾸릴 수도 있다. 곧장 가는 길이 험난할 때는 우회로가 목적지에 더 빨리 도착하게 해준다.

_이경실, 이경숙

• 여유를 잃지 않는다.

사업을 하다 보면 계획대로 되지 않을 때가 많다. 그럴 때는 상황에 나를 맞추는 것보다는 나에게 맞는 상황이 올 때까지 여유를

가지고 기다리는 게 낫다. 나한테 유리한 상황일 때 움직여야 사업
에 성공할 수 있다.

_이철영

📑 창업가 · 창업전문가들의 추천도서

◇ 창업과 사업

- 《비즈니스 모델의 탄생―상상과 혁신, 가능성이 폭발하는 신개념 비즈니스 발상법》 알렉산더 오스터왈더 · 예스 피그누어 지음, 타임비즈 펴냄
- 《린스타트업―실리콘밸리를 뒤흔든 IT 창업 가이드》 애시 모리아 지음, 한빛미디어 펴냄
- 《미래 마케팅》 김정구 지음, 교보문고 펴냄
- 《아내가 창업을 한다》 권민 지음, Unitas Brand 펴냄
- 《이익이 없으면 회사가 아니다》 이나모리 가즈오 지음, 서돌 펴냄

◇ 사회적기업 등 소셜 비즈니스

- 《세상을 바꾼 비이성적인 사람들의 힘》 존 엘킹턴 · 파멜라 하티건 지음, 에이지21 펴냄
- 《사회적기업 만들기》 무함마드 유누스 지음, 물푸레 펴냄
- 《보노보 혁명―제4섹터, 사회적기업의 아름다운 반란》 유병선 지음, 부키 펴냄
- 《살맛나는 세상을 꿈꾸는 사회적기업가 21인의 세상고쳐쓰기》 김종락 · 이경숙 · 이재영 지음, 부키 펴냄
- 《달라지는 세계―사회적 기업가들과 새로운 사상의 힘》 데이비드 본스타인 지음, 지식공작소 펴냄

• 《체인지메이커 혁명—전 세계에 혁신을 퍼트린 아쇼카펠로우 18명의 도전과 그들의 사회혁신기업가정신》 베벌리 슈왈츠 지음, 에이지21 펴냄
• 《따뜻한 세상을 만드는 임팩트 비즈니스》 니콜라 아자르 지음, Edit The World 펴냄
• 《희망을 찾아 떠나다—20대의 공정여행》 김이경 · 주세운 지음, 소나무 펴냄
• 《사회적기업 창업교과서—사람을 도와 일을 창출하는 소셜 비즈니스의 모든 것》 야마모토 시게루 지음, 생각비행 펴냄

◇ 협동조합

• 《협동조합, 참 좋다》 김현대 · 하종란 · 차형석 지음, 푸른지식 펴냄
• 《협동조합, 참 쉽다》 이대중 지음, 푸른지식 펴냄
• 《우리, 협동조합 만들자—협동조합 창업과 경영의 길잡이》 김성오 · 김장전 · 김희제 · 김혁 · 이성수 · 문천오 지음, 겨울나무 펴냄
• 《몬드라곤에서 배우자—해고없는 기업이 만든 세상》 리엄 F. 화이트 · 캐서린 K. 화이트 지음, 역사비평사

IV

산타 경제를 만드는 사람들

GIFT ECONOMY

함께 빵을 나누는 사회적 경제
: 한국사회적기업진흥원

이성적인 사람은 자신을 세상에 적응시킨다. 하지만 비이성적인 사람은 고집스럽게 세상을 자신에게 적응시키려 한다. 그래서 모든 진보는 비이성적인 사람의 손에 달려 있다.

_조지 버나드쇼

2013년 6월, 정부가 발표한 '고용률 70% 로드맵'에는 좀 낯선 단어 하나가 들어 있었다. '사회적 경제'가 그것이다. 정부는 사회적 경제 생태계를 조성해 일자리를 늘리겠다고 했다. 임금노동자의 0.4%가 사회적 경제 영역에 고용되어 있는 것을 2017년까지 2%대로 늘리겠다는 것이다. 약 49만여 개의 일자리다.

정부 자료는 사회적 경제(Social Economy)를 이렇게 설명한다. "윤리적 입장을 갖는 기업 및 협동조합, 상호부조 조직, 자발적 조직들에 의해 수행되는 공적 목적의 경제 행위 일체."

뜻을 가늠하기가 어렵다. 그래서 뭘 한다는 것일까. 김재구 한국

사회적기업진흥원장은 베네치아가 1000년 동안 부흥했던 비결,
'콜레간차(Coleganza)'라는 말로 사회적 경제를 설명했다. '콜레간차'
는 동료관계, 접속을 뜻하는 이탈리아어다. 옛 뜻은 '동맹'이었다.

"시오노 나나미가 쓴 ≪바다의 도시 이야기≫를 보면, 베네치아
남자들은 사지만 건강하면 먹고 살 수 있다는 말이 있어요. 돈 한
푼 없어도 능력만 있으면 선장을 할 수 있었고 수익을 분배 받을 수
있었죠. 국가는 '콜레간차'라 불렸던 수익 분배 제도를 통해 서민들
이 자유롭고 창의적으로 경제 활동을 할 수 있도록 보장했어요. 이
게 번영의 기반이 됐습니다."

르네상스의 발원지로 꼽히는 베네치아는 인류 역사상 가장 오래
번영한 도시국가였다. 오스만투르크제국이 무력으로 지중해를 장
악할 때까지 11세기부터 무려 500년 동안 유럽과 아시아를 잇는 무
역의 중심도시로 군림했다.

6세기경, 아무 것도 없는 개펄에 세워진 베네치아가 경쟁도시인
제노바를 제치고 무역권을 잡은 비결 역시 '콜레간차'에 있었다. 이
것은 베네치아에 공동체주의를 발달시켰고, 베네치아의 공동체는
자신의 이익만 중시하는 제노바의 개인들을 이겼다.

"셰익스피어 소설에 나오는 샤일록 같은 얼치기는 베네치아에
없었어요. 베네치아 상인들은 독특한 사업 수익구조를 발달시켰
죠. 내 배가 있더라도 다른 배에 분산투자했어요. 또 화주(화물 주인)
와 선주가 수익을 배분했죠. 만약 선장이 투자자본을 못 대더라도
수익의 4분의 1을 나눠줬어요. 대자본가, 대상인이 이익을 독점하

지 않고 중소상인, 서민과 나누게 만든 체제가 베네치아를 '부의 도시'로 키웠습니다."

황량한 개펄에서 무역 중심 도시로 성장한 베네치아의 경험은 한국전쟁의 폐허 속에서 경제를 일으킨 한국에 시사점을 준다. 그는 사회적기업, 협동조합 같은 사회적 경제 조직들이 우리 경제에서 베네치아의 '콜레간차' 같은 일을 해낼 것이라고 봤다. 돈이 없더라도 더 많은 개인이 자유롭고 창의적으로 경제 활동을 하도록 해 국가 공동체 차원의 번영을 가져오게 할 수 있다는 것이다.

"인류를 진보시킨 시장의 장점은 자유, 자율을 증진시켜 창의를 일으키고 생산력을 극대화해준 것입니다. 사회적 경제는 사람들의 상상력을 자유롭게 터줄 것입니다. 사회적 경제는 우리가 갈 수밖에 없는 길입니다."

그는 2010년 대통령실 사회적기업TF 위원으로 활동하던 시절, 박병옥 당시 청와대 서민정책비서관에게 다양한 협동조합을 쉽게 결성하는 길을 터주자고 제안했다. 이것이 계기가 되어 정부와 민간 합동의 정책 연구가 시작되었고, 2012년 12월 협동조합기본법이 제정, 공표됐다.

그는 사회적기업이 3가지 원칙을 지켜야 발전한다는 점에서 협동조합과 유사하다고 말했다. 관이 아니라 민간이 주도할 것. 혁신으로 지역을 재생할 것, 지속가능한 수익구조를 가질 것. 몬드라곤 등 성공한 협동조합처럼 성공한 사회적기업은 지역사회를 바꾸는 데에 성공한다. 그라민은행은 방글라데시 빈곤층에 신용을 제공해 금융뿐 아니라 사회를 바꿨다.

"사회적기업은 기업의 힘으로 사회를 혁신할 수 있는 놀라운 틀입니다. 적은 양이더라도 다른 것과 섞이면 변화를 일으키죠. 누룩처럼요. 전 사회적기업이 대기업 등 다른 기업까지 변화시키는 누룩 같은 기능을 할 것으로 기대합니다."

1995년 <조직의 전략 변화가 조직 사멸에 미치는 영향>으로 박사 논문을 쓴 이래 18년 동안 기업의 흥망을 가르는 조직생태가 무엇인지 연구한 그에게 사회적기업은 가장 가슴 뛰게 하는 조직생태의 현장이다. 사회적기업은 사람을 변화시킨다.

"서울대 경영학 교수를 하는 제 친구가 올해 입시 후 이런 말을 하더군요. 면접 때 경영학을 선택한 이유를 물으니 70%가 사회적기업가가 되고 싶어 지망했다고. '그거 대치동 족보 아니냐'며 농담으로 넘기긴 했지만, 실은 좋은 현상이라 생각합니다. 사회적기업은 그냥 기업이 아니라 사회 문제를 해결하고 사람을 변화시키는 멋진 기업이니까요. 물 구경, 불 구경보다 재밌는 게 사람을 변화시키는 구경이에요."

아직 사회적기업이나 협동조합 같은 사회적 경제는 우리 사회에서 비주류다. 주식회사와 자본시장이 만드는 큰 물결을 거스른다. 전통적인 경영학에서는 사회의 물결을 거스르는 건 비즈니스에 치명적이라고 가르치지만, 그는 진보를 만드는 건 사회적기업가처럼 물결을 거스르는 비이성적인 사람들이라고 생각한다. 극작가 조지 버나드 쇼의 말처럼 '자신을 세상에 적응시키는' 이성적인 사람들이었으므로.

_김재구 한국사회적기업진흥원 원장

사회적 경제란?

사회적 경제는 정부의 한계와 시장실패를 딛고서 사회 공익을 향상시키려는 목적을 가지고 영업활동을 하는 경제주체들로 이루어진다. 기업(company)란 말의 어원은 '함께(com) 빵(pany)을 나누다'이다. 파편화된 개인주의와 탐욕만으로는 건강한 경제를 일굴 수 없다. 사회적 경제는 성장이 정체된 곳에서는 새로운 시장과 동력을 열어주고, 사회안정이 필요한 곳에서는 신뢰와 연대를 가져다준다. 한국의 사회적 경제는 사회적기업과 협동조합 두 날개로 날아오를 것이다.

사회적 경제의 일원이 되려면?

가장 먼저 우리와 가까운 동네, 가정, 학교 등에서 해결해야 할 문제는 없는지 살펴보자. 건강, 복지, 환경, 교육, 문화예술 등 다양한 사회적 이슈가 있을 것이다. 학생들은 동아리를 만들어 공부하고 체험하는 활동부터 시작하여 윤리적 소비로 참여할 수 있다. 창업과 함께 사회적기업이나 사회적 경제에 필요한 지원기관 등에 취업도 모색할 수 있다.

창업에 앞서 탄탄한 비즈니스모델을 만드는 것이 중요하다. 시장 찾기를 통해 주요고객이 누구인지 정해나가야 한다. 감수성과 상상력에 더해 부지런히 발품을 팔아야 사업가로서의 통찰력을 갖출 수 있다. 창업에 앞서 한국사회적기업진흥원의 사회적기업 가육성사업이 제공하는 1년간의 인큐베이팅을 통해 사회적 창업을 준비하길 권한다.

누구도 배제당하지 않는 사회를 만드는 사회적기업
: 리드릭 · 한국사회적기업중앙협의회

상황이 힘들면 마음은커녕 서로 손발 맞추기도 더 힘들어져요. 하지만 '내가 저 입장이면 어떨까? 한 사람보다는 두 사람이 낫지.' 하는 생각으로 서로 마음을 맞춰 나가다 보면 힘이 생겨요. 그게 공동체예요.

_구리광역자활의 사회적기업 맛들식품 김애순 조리사, <살맛나는 세상을 꿈꾸는 사회적기업가 21인의 세상 고쳐 쓰기>

"인간은 누구나 죽기 전에 장애인이 됩니다. 내가 늙어 기억력이 없어졌을 때, 치매가 왔을 때, 그 사회는 나를 받아줄 것인가. 아니면 지금의 사회적 약자한테 그러하듯 나를 배제시킬 것인가. 그걸 생각하면 지금 우리 사회가 어떤 지향을 가져야 할지 분명해집니다."

어쩌면 그는 우리가 미래에 겪을 장애를 미리 겪고 있는 사람인지도 모른다. 장애인 사회적기업 리드릭의 김정열 대표는 한 살 때 앓은 소아마비로 장애인이 됐다. 한쪽 다리가 불편해 보조기를 쓴다.

하지만 사회는 그를 배제하지 않는다. 오히려 그를 사회관계의 중심에 놓는다. 많은 직책을 준다. 전국 600여 개 사회적기업의 대

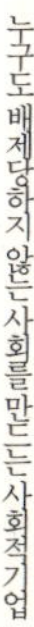

표조직인 한국사회적기업중앙협의회(이하 한기협) 상임대표, SK계열 (주)행복나래 사외이사, 경희사이버대학교 겸임교수이자 서강대대학원 외래강사 등등.

하지만 그 이전부터 그는 장애인 사회에서 활동가로 이름이 높았다. 1990년대 초반, 그는 장애우권익문제연구소 팀장으로서 김성재 이사장, 이성재 전 소장 등 연구소 창립멤버들과 함께 장애인복지법·장애인고용촉진법 등 주요법 제정을 이끌어냈다. 하루를 25시간으로 쪼개 살던 시절이었다.

당시 30대 초반의 그는 지금과는 다른 50대를 꿈꿨다. 주요법 제정을 어느 정도 마친 후이니 아마 1990년대 초반의 어느 날이었을 것이다. 이 전 소장은 말했다.

"우리, 나이 50 넘으면 노인 쪽 일할까? 그때쯤이면 노인복지가 사회 문제가 되기 시작할 거야. 20년 정도 지나면 장애인 쪽은 심각한 문제가 어느 정도 해결되지 않겠어? 그때는 우리가 아니어도 괜찮을 거야."

그도 같은 생각이었다. '한 20년만 더 하고 다르게 살자'고 마음먹었다. 그는 2006년까지 10년 동안 장애우권익문제연구소장을 지냈다. 그 다음 2년 반은 장애인개발원(한국장애인복지진흥회 후신) 사무총장으로 직접 공공 역할을 수행했다.

정권 교체로 자의 아니게 총장직을 사퇴한 후, 그의 삶에 모처럼 여유가 찾아왔다. 한신대 재활학 박사과정에서 공부하면서 그는 모 대기업 계열사 일을 도왔다. 돈벌이는 일주일에 하루만 해도 사는 데에는 큰 지장이 없었다. 환경교육 프리랜서로 일하는 아내 이연숙 씨, 아들·딸과도 일상의 삶을 나눌 수 있었다. 그러나 그 여유는 오래 가지 못했다.

차압 들어온 장애인 사업장, 생산공동체로 바꿔 위기 극복

2010년 늦여름, 장애우권익문제연구소 직원들이 그를 다급하게 찾아왔다. "차압이 들어왔다"고 했다. 연구소 지점이자 장애인보호 사업장인 리드릭이 원자재 값을 갚지 못해 거래처 사람들이 본점인 연구소로 지급을 요구한 것이었다. 당시 리드릭 매출은 40억 원이 넘었다. 연구소의 다른 이사들도, 정책위원장이었던 그도, 리드릭은 스스로 잘 굴러간다고 생각하고 신경을 쓰지 않은 터였다. 이상했다.

그는 회계 관련 서류를 몽땅 가져오라고 했다. 아랫돌을 빼 윗구멍을 막는 식으로 현금이 돌아가고 있었다. 직원들은 그게 경영에 어떤 문제를 일으키는지 모르는 듯했다. 이대로 놔두면 본점인 연구소도 무너질 지경이었다. 결국 리드릭 대표직을 수락했다.

2011년, 리드릭은 매출을 60억 원으로 끌어올리고 흑자로 전환하는 데에 성공했다. 5년 만에 처음 법인세도 냈다. 2012년 매출은 62억 원, 임직원은 76명으로 늘었다. 53명이 장애인, 특히 47명은 중증장애인이다. 이중 38명은 지적장애인이다.

리드릭은 어떻게 1년 만에 경영 정상화에 성공했을까. 김 대표는 우선 원재료비, 운영비 등 각종 비용을 줄였다. 급여도 30% 삭감했다. 50명 직원 중 4명이 떠났다. 남은 직원들이 노력해 미지급금을 갚았다.

변화의 핵심은 의사결정구조였다. 리드릭은 구조조정 후 생산공동체로 거듭났다. 2010년까지만 해도 리드릭에는 국장, 이사, 본부장, 원장 등 경영진이 따로 있었다. 김 대표 취임 후 그는 이런 자리부터 없앴다. 대신 총무기획 · 직업자활 · 디자인 등 6명의 팀장들과 대표가 직접 사업 방향과 규모를 결정하도록 운영규정을 개정했다.

팀장회의는 '생산공동체'로서 리드릭의 정체성이 가장 잘 드러나는 핵심조직이다. 생산공동체 개념의 핵심은 기능과 상황이 다른 모든 직원들이 공동체로 통합되는 것이다. 장애인과 비장애인, 생산직과 전문직 등 다양한 직원들이 생산공동체가 되어 회사를 운영한다. 김 대표의 설명이다.

"우리 미션 자체가 중증장애인, 지적장애인, 일반 고용현장에 가기 어려운 사람들의 노동 통합형 사업장을 만드는 것입니다. 그게 생산공동체예요. 팀장회의에선 투명하게 예산과 회계적인 부분을 공유합니다. 성과 배분도 팀장회의에서 논의해 결정해요. 팀장들이 성과 평가 기준을 같이 만들고, 그걸로 평가를 합니다. 생산력 떨어지는 사람들에 대한 성과 배분도 팀장회의가 결정합니다."

회사 전반의 상황에 대한 심의는 운영위원회가 한다. 운영위원회는 지자체 공무원과 전문가, 직원 부모회장 등 5명의 이해관계자로 구성됐다. 독특한 건 부모회의 참여다. 부모회는 전체 직원의 절반쯤을 차지하는 지적장애인의 부모들로 이뤄진 조직이다. 지적장애인인 자녀를 대신해 부모들이 운영위원회에 들어가는 셈이다.

리드릭의 다음 목표는 이러한 사업모델의 복제다. 전국 도시에 리드릭 공동체를 설립하는 것이다. 리드릭은 수익 일부를 떼어 필요 지역에 리드릭과 같은 생산공동체를 설립하는 데에 쓸 계획을 세우고 있다. 지적장애인 고용, 민주적 의사결정, 지역사회 내 장애인 인권 개선 활동에 대한 수익 배분 등 리드릭 같은 경영 원칙의 도입에 동의하는 생산공동체가 그 대상이다.

장애를 없애려 들지 말고 사회를 바꿔라

"장애는 질병과 다릅니다. 질병은 고쳐서 없앨 수 있는 것이지만 장애는 없앨 수 없습니다. 장애를 가진 사람이 자기 또래 비장애인과 같은 출발점에서 시작할 수 있게 하려면 장애를 없애려 들면 안 됩니다. 사회를 바꿔야 합니다."

김 대표가 꿈꾸는 사회는 그의 어릴 적 또래집단과 비슷하다. 제주도 바닷가 마을에서 살던 때, 그는 여름엔 바다낚시나 물놀이를 하고 겨울엔 꿩이나 토끼를 잡으러 다녔다. 그 시절 친구 중 누구도 그를 장애인으로 대하지 않았다. 친구들이 일부러 배려하려 들지 않았기에 그는 다른 친구들과 똑같이 어울릴 수 있었다.

기억력이 떨어져도, 치매를 앓아도, 불의의 사고로 장애인이 되어도 배제 당하지 않는 사회는 그런 모습이 아닐까.

'사회적기업가로 변신하려는 사람을 위한 조언'

_김정열 리드릭 대표

도전의식이 있는가

사업에 맞는 사람은 따로 있다. 흥미, 모험심, 새로운 것에 대한 도전의식이 있는 사람이다. 사업을 관리만 하겠다고 하는 순간, 그 사람은 더 이상 기업가가 아니다.

멈추지 않을 수 있는가

기업이라는 건 지속적으로 앞으로 나아가야 한다. 현상 유지만 하려 들면 시장에서 쳐진다. 계속 살아남으려면 모험도 해야 하고 운도 맞아야 한다. 사회적기업도 예외는 아니다.

의사결정이 빠른가

기업은 늘 생사의 갈림길에 선다. 따라서 기업가는 판단이 빨라야 한다. 지금 시점에서 이게 될 거냐, 안 될 거냐 판단해 쭉 밀고 나가는 힘이 있어야 한다. 의사결정을 주저하거나 하지 못하는 사람이 있다. 그것은 기업을 하는 사람으로서 나쁜 자질이다.

내 전문 분야가 아니어도 체득하는 걸 두려워하지 않는가

기업가는 인력 관리를 위해 자신의 전문 분야가 아닌 것도 체득해야 한다. 자기 주도성을 갖고 시간 투자해 여러 사람들을 만나야 한다. 자기 사업에 대해 '그건 내가 모르니 직원들한테 물어봐라' 하는 기업가가 있으면 회사에 문제가 생긴다.

죽을 힘을 다할 수 있는가

한 기업이 망하면 거기에 투입했던 인적, 물적 자원은 일거에 사라진다. 설사 기업이 내 소유가 아니더라도 '이거 망하면 나는 죽는다' 하는 생각으로 뛰어들어야 한다. 그래야 혁신이 일어난다.

협동조합은 민주주의 학교

: 한국협동조합연구소

협동조합이 태동한 산업혁명기 이후 지금처럼 협동조합이 절실한 때는 없었다고 봅니다. 미국과 유럽의 많은 나라가 무너지는 동안 사람들은 희망과 열정, 아이들 교육과 가족의 주거, 그리고 일자리를 잃었습니다. 많은 사람들이 이제 협동조합으로 돌아서고 있습니다. 미래의 경제 발전을 생각하면 더는 이윤 극대화를 추구하는 기업이 시장을 일방적으로 지배해서는 안 됩니다. 시장에는 다양한 사업 모델이 있어야 합니다.

_폴린 그린 국제협동조합연맹 회장, 《협동조합 참 좋다》

대리운전기사도 뭉치고, 북 카페 회원도 뭉쳤다. 직업교육과 인력중개소가 필요한 이주노동자들도, 국민TV를 만들겠다는 시청자와 제작진도 뭉쳤다. 협동조합이다.

2012년부터 2013년까지 협동조합 창업 열기는 여느 인기 프랜차이즈보다 뜨거웠다. 기획재정부와 사회적기업진흥원, 각 지자체가 연 협동조합 설명회에는 문을 열자마자 사람들이 몰려들어 설 자리도 없이 붐볐다. 2012년 12월, 협동조합기본법 시행 한 달 만에

광역자치단체에 접수된 일반협동조합 설립신고서는 100여 건이 넘었다. 이 법은 최소 5명만 모이면 금융과 보험을 제외한 전 분야에서 누구나 협동조합을 만들 수 있게 허용했다.

이 법의 탄생에는 숨은 일꾼이 있다. 이들은 2008년부터 법 기초를 잡고 여야 주요 인사들을 설득했다. 2011년에는 시민사회 중심으로 협동조합기본법 제정을 위한 연대회의가 뜨도록 뒷바라지했다. 한국협동조합연구소의 전문가들과 정재돈 이사장이다. 2012년에는 유엔이 정한 '2012 세계협동조합의 해' 한국조직위원회 상임위원장을 지냈다. 국민농업포럼 이사장을 겸직 중인 그는 민관합동기구인 국가식생활교육위원회 위원장, 농어업선진화위원회 위원장, 가톨릭농민회 회장 출신이다. 1974년에는 전국민주청년학생총연맹(민청학련) 사건에 연루돼 옥살이를 한 후 30여 년 동안 농민 운동을 했다.

많은 일을 겪고도 자신을 지킨 사람 특유의 나무등걸 같은 담담한 빛을 띤 그의 얼굴이 협동조합 창업 열기를 말할 때만큼은 복숭아꽃마냥 환해진다.

"협동조합 포럼마다 예상하지 못할 만큼 많은 사람들이 왔어요. 특히 젊은 사람들이 많이 왔어요. 젊은 사람들이 협동조합에 관심 갖는 게 희망적이에요. 아, 협동조합이 뭔가 되겠다 싶어요."

민주화운동을 하던 많은 이들이 그의 영향을 받았다. 그가 안동 가톨릭농민회에서 활동하던 시절에는 당시 학생운동으로 수배 중이던 박계동 전 국회 사무총장을 숨겨줬다. 그의 춘천고 후배인 최

문순 강원도지사는 "남 앞에 서는 것 자체를 싫어했는데 고등학교
때 그 형 보면서 변화됐다"고 말하기도 했다.

쌀도, 소도 못 지켰을 때 찾은 대안이 '생협'

농민운동가에서 협동조합 운동가로 거듭 난 계기를 묻자, 그는
"제 첫 직장이 가톨릭농민회"라며 "가톨릭농민회 활동부터가 협동
조합 활동이었다"고 말했다. 1977년 안동으로 발령 받고 처음 맡은
업무가 협동조합을 이끌 리더를 발굴하고 교육하는 일이었다.

"저녁 때 되면 밥 짓는 연기가 올라와요. 그러면 찾아가 이야기
나누면서 한 사람 한 사람 사귀었어요. 리더를 할 만한 사람들이 보
이면 초청해서 지도자과정을 교육했어요. 협동조합, 농협, 농촌문
제를 토론하기도 했죠. 그렇게 길러낸 활동가들로 가톨릭농민회
초기멤버가 조직됐어요."

이때 멤버들이 1985년 외국 소 수입으로 소값이 폭락했을 때 소
몰고 광장에 나가 집회를 벌였다. 1986년 담배 시장이 열렸을 때에
는 경운기 끌고 미국 대사관까지 가자며 전국 동시다발 집회를 열
었다. 1991년엔 전국농민회총연맹 결성의 주역부대가 됐다.

치열한 현장에서 늘 농민, 민주화 운동세력과 함께 하던 그는
1987년 요샛말로 멘탈 붕괴를 겪었다. 대통령 직선제를 얻어낸 후
운동세력이 분열하면서 군부 출신의 노태우 민주정의당 총재가 당
선되는 것을 지켜봤을 때였다.

"계속 수입반대 운동했지만 쌀도 못 지키고 소도 못 지켰지요. 제도만 바꿔선 안 된다, 사람도 동시에 바뀌어야 한다는 생각이 들었어요. 생명운동, 공동체운동 소위 생활실천운동을 해야 한다는 목소리가 높아졌어요. 유기농업을 하는 농민과 도시민과 같이 연대하는 운동, 그게 생활협동조합 한살림 만들기 운동이었어요."

그는 "협동조합은 그 과정 자체가 민주주의 학교"라고 말했다. 협동조합은 이용자인 조합원이 공동으로 소유하고 통제하며 수익을 취한다. 또 1인1표제를 원칙으로 한다. 다수결 원칙을 따른다. 대통령 직선제 등 대의 민주주의와 의사결정과정이 비슷하다.

"협동조합을 운영하려면 다른 사람과 협동해야 해요. 나와 생각이 다른 사람의 입장에 서서 생각해봐야 해요. 자연스럽게 협동하는 훈련이 돼요. 지나가는 사람 열 명 붙잡고 물어봐서 대여섯 사람이 협동조합원이라고 말하는 시대가 오면 정치도, 사회도 진보할 것이라고 봐요."

그는 "우리 사회엔 협동조합적 인간형이 필요하다"고 말했다. 그게 뭘까. 그는 '협동조합적 인간형 자체를 함께 생각하고 찾아가야 할 것"이라고 말했다.

자본주의적 인간형만 키워온 우리 사회에서 협동조합적 인간형이 과연 탄생할 수 있을까. 어쩌면 자본주의가 도입된 것만큼 긴 세월이 필요할지도 모른다. 35년 운동가가 "젊은 사람들이 협동조합에 관심을 갖는 게 희망"이라고 말한 건 그 때문일 것이다.

'협동조합 창업 성공을 위한 가이드'

_정재돈 한국협동조합연구소 이사장

조합원 참여를 극대화하라.

협동조합 운영엔 의사결정비용이 많이 들어간다. 조합원을 의사결정에 참여시키는 것도 예상보다 어렵다. 자칫하면 임직원, 조합장을 위한 조합이 되어 '대리인 문제'가 발생할 수도 있다. 조합원의 이용과 참여를 최대한 이끌어내야 대리인 문제가 발생하지 않는다.

업무 동질성이 높도록 조직하라.

가급적 업무의 동질성을 높여야 조직운영 비용이 덜 든다. 1인1표제는 의사결정이 일어나기까지 시간과 비용이 많이 든다. 따라서 조합원들이 택시, 화물, 택배, IT 등 같은 업종끼리 모여야 의사소통에 소모되는 에너지를 줄일 수 있다.

독과점이 확고한 분야를 피하라.

자동차공업협동조합, 텔레비전생산자협동조합이 존재할 수 있을까? 이미 독과점이 확고하게 굳어진 산업 분야에서는 협동조합이 생존하기 어렵다.

정보비대칭성, 공공성이 강한 분야에서 조직하라.

의료, 공동육아 등 정보비대칭성이나 공공성이 강한 분야에서는 협동조합이 유리하다. 조합원들이 잘 조직된다. 탈시장화를 시도하면서 사회적 목적이 강화되고 있는 주택, 에너지 분야도 그러한 분야다.

조합원 교육에 힘써라.

협동조합은 교육으로 시작해 교육으로 끝난다는 말이 있다. 조합이 잘되려면 사람이 바뀌어야 한다. 참여는 훈련을 통해 늘어난다. 교육과정뿐 아니라 회의, 학습, 자료 공유 등 다양한 형태의 훈련 프로그램을 만들어야 한다.

낮은 곳까지 가서 바다를 이루는 삶을 위하여

: 사회연대은행, 한국사회투자재단

사람은 살면서 꼭 만나야 되는 사람이 있다. 바로 자신이다. 진정으로 나는 '내려놓음'을 실천하려는 것인지, 아니면 모든 게 다 허세인지, 그것도 아니면 뒤늦은 치기인지, 그 정체부터 명확히 알아야 했다. 그 누구도 답을 주지 않는다. 자신만이 답을 줄 수 있을 뿐이다.

_이종수, 《희망은 격렬하다》

국내에서 경제 활동하는 사람 3명 중 1명은 은행 돈 꾸기 어렵다. 신용등급 이하 저신용자가 660만 명, 신용을 쌓기 어려운 생계형 자영업자가 170만 명이다. 이들한테 돈을 꿔주면 생계가 나아질까?

"정부와 금융기관이 미소금융으로 직접 마이크로크레디트(무담보소액대출)에 뛰어든다고 문제가 해결될까요? 왜 취약계층이 생기는지, 문제의 근원을 봐야 합니다. 사회에 취약계층이 아니라 취약구조가 있는 것입니다. 사회취약구조가 빈곤을 만듭니다."

이미 10년 동안 취약계층한테 돈 꿔준 사람 얘기다. 2012년 재단법인 한국사회투자를 설립한 이사장은 2002년엔 사단법인 함께만드는세상 사회연대은행을 설립해 마이크로크레디트 이슈를 대중화한 금융전문가다. 또 금융권 휴면예금의 마이크로크레디트 지원의 제도화를 이끌었다. 그런 그가 한국사회투자를 설립해 금융소외를 극복할 대안을 실험하기 시작했다. 소셜파이낸스, 즉 사회문제 해소를 위한 금융이다.

그는 체이스맨하탄 은행을 거쳐 에이온코리아 등 국제 금융사들에서 경력을 쌓은 금융 전문가다. 그런 그가 왜 10년 넘도록 금융소외의 대안을 만들고 있을까.

버리고 떠나는 것 없이 새로운 것을 찾을 수 없다

1954년생인 그는 서울 사당동의 판자촌에서 유년기를 보냈다. 이웃 모두 가난했고, 정겨웠다. 서강대 경영학과에 진학한 그는 사회 문제에 관심이 깊어졌다. 그러다가 민청학련(전국민주학생청년총연맹) 사건으로 서대문교도소에서 옥살이를 했다. 1974년, 딱 7개월 살고 풀려났다. 근데 취직이 안 됐다.

미국은행은 신원조회를 안 한다는 소문이 들렸다. 그는 체이스맨하탄 은행에 원서를 냈다. 덜컥 합격했다. 이후 계속 외국계로 직업이 풀렸다. 주로 은행법인을 설립하는 일이었다. 떠도는 삶이 시작됐다. 서울에서 3년, 홍콩에서 3년, 자카르타에서 3년 식이었다.

일은 재밌었다. 두 아이는 여러 언어를 써야 하는 어려움 속에서도
바르게 커줬다.

그렇게 18년이 지난 1997년, 캄보디아 프놈펜으로 갔다. 발령지
는 내전 중이었다. 사람들의 눈동자는 깊고 우울했다. 그 눈동자가
그를 뒤돌아보게 했다. '가난한 사람을 위해 살자'고 생각했던 예전
의 자신이 떠올랐다. '이건 내가 생각했던 삶이 아니다'라는 번민이
밀려왔다. 가장으로서 책임감이 그의 어깨를 눌렀다. 하지만 그는
프놈펜 사무실을 정리한 후 사표를 냈다.

그 후 1년, 그는 아무 일도 하지 않고 '어떻게 살 것인가'만 생각
했다. 그때 고국은 외환위기로 금융 소외가 커지고 있었다. 1999년
그는 귀국해 연세대 사회복지대학원에서 가난한 사람들을 위한 금
융을 공부했다. 동남아에서 퍼지고 있던 마이크로크레디트를 소개
하자 주변 전문가들은 '그게 한국에서 되겠느냐'고 했다.

2002년 사회연대은행을 설립한 건 우연에 가까웠다. 한 대기업
의 여성가장 창업지원 프로젝트가 들어왔던 것이다. 당시 그는 국
제재보험회사 에이온코리아의 부사장이었다. 생계를 위한 일과 사
명을 위한 일을 병행하는 삶이 2010년 그가 사장으로 퇴직할 때까
지 숨 가쁘게 이어졌다. 문득, 이런 생각이 들었다.

"내려놓고, 버리고, 떠나는 것 없이 새로운 것을 찾을 수 없다."

사표를 냈다. 그는 혼자 산티아고로 떠나서 800킬로미터를 한 달
동안 걸었다. 내려놓고 버리고 나서 새로운 것을 찾기 위해. 그렇게
찾은 것이 소셜파이낸스였다. 이번엔 필연이었다. 당시 사회연대

은행은 사면초가의 위기 속에 있었다.

사회연대은행은 국내 최대 성과를 내고 있는 마이크로크레디트 기관이다. 설립 후 5년 동안 약 400여 업체에 80억여 원, 2012년 5월까지 약 1,624개 업체에 320억여 원을 지원했다. 5년 만에 거의 4배 이상 성장한 셈이다. 그런 기관의 대표자가 왜 '새로운 것'에 대한 필요를 느꼈을까.

사회연대은행과 그는 금융권의 휴면예금을 마이크로크레디트에 활용해 빈곤을 퇴치하자며 법제화에 앞장섰다. 법은 제정됐지만, 돈줄은 말랐다. 이 법에 따라 2009년 세워진 미소금융중앙재단이 직접 마이크로크레디트에 나서면서 대기업의 사회공헌 등 민간의 다른 재원이 지원을 줄인 것이다. 정부부처들까지 재원 배분을 줄이거나 없앴다.

그 와중에도 직원들은 열심히 뛰었다. 박상금 상임이사를 비롯해 김영화 총무팀장, 이민재 사업지원본부장 등 7~10년 근무한 멤버들이 든든한 버팀목이 됐다. 그러나 결국 자금난은 왔다. 한때 직원 50명 중 10명의 고용을 조정해야 했던 적도 있었다. 그는 좀 더 근원적인 것을 고민하기 시작했다. '우리 사회에서 빈곤이라는 문제를 마이크로크레디트만으로 해소할 수 있을까' 하는 것이었다.

"마이크로크레디트나 미소금융이 지향하는 건 자영업 지원을 통한 빈곤 해소입니다. 하지만 빈곤이나 일자리 문제는 사회의 많은 요인이 만들어낸 것입니다. 매우 포괄적 문제죠. 그래서 우리는 금융소외계층뿐 아니라 낙후된 사회 인프라를 개선하기 위한 포괄적

금융 활동을 기획하게 됐습니다. 그게 소셜파이낸스입니다.”

물처럼 흐르는 선한 금융을 위해

소셜파이낸스는 한 사회가 한정된 자금으로 더 많은 사람의 복지를 이뤄내도록 돕는다. 공적 자금뿐 아니라 민간의 예금이나 투자자금을 모아 사회복지를 높이는 기관이나 단체에 투자 혹은 융자한다.

이 대표는 “사회의 취약한 구조를 개선해 사회적 가치를 창출하는 대안금융”이라며 “줘서 없어지는 복지가 아니라 투자가 되는 복지”라고 설명했다. 네덜란드의 트리오도스, 영국의 체리티뱅크가 그 예다. 돈벌이보다 더 많은 사람들의 복지, 즉 행복에 투자하는 금융이다.

이 대표의 방에는 신영복 성공회대 교수가 쓴 ‘상선약수(上善若水)’라는 글씨가 걸려 있다. 최고의 선은 물과 같다는 뜻이다. 이 대표의 두 번째 꿈은 상선약수의 금융이다.

“물은 모든 것을 품고 밑으로 흐릅니다. 장애물이 있어도 다투지 않고 돌아 흐릅니다. 가면서 여러 것들이 함께 섞입니다. 그래서 결국 넓게 퍼지고 낮은 곳까지 가서 바다를 이루지요. 그게 함께 가는 힘이고 연대의 힘입니다.”

'다른 이를 위해 사는 법'

_이종수 한국사회투자재단 이사장

내 머릿속의 것을 내려놔라.

사람들은 흔히 자기의 경험, 배웠던 지식에 고정되어 있다. 그것은 자신이 했던 것일 뿐 최선의 것은 아닌데, 그 틀에 다른 사람들을 맞추려 한다. 사회문제에는 다양한 스펙트럼이 있다. 착시를 이용한 심리테스트를 생각해보라. 뇌가 지시하는 대로 움직이는 눈이 본 것은 실제 현상과 다를 수 있다. 누군가 다른 이를 위해 살고 싶다면 내 머릿속에 든 것부터 내려놔야 한다.

내 주변과 사회를 관찰하라.

평소에 사회문제에 관심이 없다가 갑자기 좋은 일하겠다며 사회에 관심을 갖는 사람들이 있다. 사회 현상은 속독으로 읽을 수 없다. 그렇게 해서는 사회 문제를 풀 수도 없다. 자신의 아이디어로 사회를 바꾸고 싶다면 평소에 내 주변과 사회를 관찰하면서 내가 사회를 위해 할 수 있는 것을 연습하고 훈련해야 한다.

사회 문제는 함께 풀어라.

사회문제는 복잡하고 다양하다. 혼자서는 그 문제를 풀 수가 없다. 예를 들어 사회연대은행은 금융 현장에서 일어나는 문제를 잘 알지만 그로 인해 일어나는 사회 문제를 풀기 위해선 그 사회 문제를 잘 아는 다른 기관과 연대한다. 여러 것들이 함께 섞이면서 바다를 이루는 이치를 잊지 말아야 한다.

서로가 서로에게 선물 같은 존재

원탁의 기사들처럼 공동의 풍요로움을 위해서 둘러앉을 수만 있다면 국민, 계급, 가족, 개인 등은 부유해지고 행복해질 수 있다. 무엇이 선이고 행복인가를 찾기 위해서 멀리까지 갈 필요가 없다. 그것은 주어진 평화 속에, 공동체와 개인이 서로를 보완해갈 수 있는 리듬이 있는 노동 속에, 또는 교육으로 가르치는 상호 간의 존중과 호혜적인 너그러움 속에서 축적되고 재분배되는 부 속에 있는 것이다.

_마르셀 모스, 《증여론》 중

앞도, 뒤도 지평선이었다. 차는 분명 앞으로 나아가고 있었지만, 지평선과 도로가 만난 소실점은 하염없이 멀어졌다. 러시아 연해주 우스리스크에 간 건 2006년 6월, 내가 머니투데이를 휴직하고 사회연대은행 객원연구원으로 일하던 때였다. 사회연대은행 방문단은 고려인을 위한 마이크로크레디트 기금을 전달하기 위해 동북아평화연대 현지법인인 '동평기금'이 운영하는 솔빈문화센터를 방

문했다. 우즈베키스탄에서 온 고려인 나스차 마마(러시아어의 '엄마')
는 김치를 내놨다. 아삭아삭하고 시원했다. 서울 이북 지역의 김치
맛 같았다. 한국어로 말은 통하지 않았지만 음식으로 입맛은 통했
다.

사회적기업 바리의꿈은 나스차 마마 같이 연해주에 재정착한 고
려인들이 만든 청국장 등 콩제품을 한국에 팔았다. 바리의꿈 제품
이 잘 팔릴수록 더 많은 고려인들이 연해주에서 일자리를 얻을 수
있었다. 연해주에서 일자리를 얻으면, 부모들이 중국이나 한국으
로 일자리를 찾아 나가느라 아이들과 생이별하지 않아도 될 것이
다. 그곳에서 처음 나는 비즈니스가 어떤 이의 삶에 선물이 될 수도
있다는 걸 알게 됐다.

한국에 돌아와 <머니투데이> 기자로 복직한 나는 '멋진 자본,
쿨머니(Cool Money)' 기획시리즈를 통해 국내외 사회적기업에 대해
알리기 시작했다. 취재하면서 만난 사회적기업가들은 상품을 만들
어도 팔아주는 유통망이 없고 소비자한테 알릴 길도 없어 판매 부
진을 겪고 있다고 말했다. <머니투데이>, 희망제작소, 몇몇 사회
적 가치를 추구하는 개인투자자들과 함께 나는 사회적기업 마케팅
을 위한 사회적기업 이로운넷을 설립했다.

팔아보니, 판매 부진의 진짜 원인은 그게 아니었다. 처음 사회적
기업·공정무역·사회적 일자리 등 소셜 비즈니스를 알리고 그들
의 제품을 판매하기 시작했던 2008년에만 해도, 이 판에는 제품(製
品)만 있고 상품(商品)은 드물었다. 취약계층이 모여 자기들이 만들

수 있는 것을 파는 곳이 대부분이었다. 소량 생산이다 보니 재료비 등 원가를 낮출 만한 규모의 경제가 나오지 않았고 가격(Price)은 높았다. 기존 시장의 유통망(Place)에 들어갈 마진은 나올 여지가 없었다. 예산이 없으니 판촉(Promotion)이나 제품 개선(Product)을 위한 연구개발은 엄두도 못 냈다. 마케팅의 4P가 고루 갖춰지지 않았다. 그건 제품이지 상품이 아니었다. 그걸 개선하기에는 돈, 사람, 시간 다 없었다. 상품과 시장 사이의 거리는 연해주 벌판만큼이나 아득히 멀어 보였다.

그로부터 5년여 후 상황은 매우 좋아졌다. 구성원들의 인내와 헌신으로 시장의 냉혹한 평가 기간을 견뎌낸 몇몇 상품들은 여느 영리기업 제품, 서비스보다 높은 품질로 소비자들의 호감을 얻어 가격 경쟁의 굴레에서 벗어났다. 사회적기업 · 협동조합 · 공정무역 등 소셜 비즈니스 업체들에 대한 대중의 인식은 높아졌다. 비영리단체 활동가 중심이던 업계에 대학생, 퇴직한 대기업 임원, 금융인, 각 전문가 등 다양한 스펙트럼의 사람들이 뛰어들었다. 생산과정의 윤리를 따져보고 구매하는 윤리적 소비자들도 늘었다. 정부와 대기업 사회공헌 분야의 각종 지원 프로그램 덕분에 초기자금을 확보하기도 이전보다 쉬워졌다. 사업체들의 구색은 더 좋아졌다. 창업가들이 뛰어드는 분야는 제품, 사회서비스, 문화, 교육, 외식 등 등 다양해졌다. 법인격도 비영리법인부터 주식회사, 유한책임회사, 협동조합, 벤처기업까지 다채로워졌다.

그러나 시장 검증을 거쳐 창업에 성공한 소셜 비즈니스들이 성장

단계에 진입하면서 겪는 난관은 여전히 극복하기에 녹록치 않다.

부족한 성장자본. 소셜 비즈니스들은 초기자본을 조달하기에는 수월한 반면 성장자본을 끌어오기가 쉽지 않다. 주식회사 형태일 경우에는 일반 비즈니스업체처럼 매출과 사업 전망이 좋아야 사회적 기업 투자조합, 대기업 및 금융권 사회공헌자금 같은 위험감내자본을 끌어올 수 있다. 협동조합은 조합원 등 내부에서 자금을 조달해야 한다. 은행 등 국내 자본들은 조합원들의 출자금을 부채로 취급하기 때문에 협동조합이 융자 받을 수 있는 신용 한도가 매우 낮다. 일부 생협은 조합원들로부터 대출을 받는 형태로 자금을 조달하기도 한다. 물론, 가장 좋은 자본은 매출로부터 얻는 이익일 것이다. 일부 소셜 비즈니스 업체들은 주력 사업과 연계된 사회적 프로젝트나 용역을 수행해 노잣돈을 확보한다. 이때 일부 업체들은 소셜 비즈니스의 정체성을 버리고 일반 비즈니스로 전환하기도 한다. 좌절할 필요는 없다. 그동안 투입된 자원을 버리는 것보다는 낫다. 일반 비즈니스 사업체로서 경제적 가치를 창출하면서 사회적 책임을 다한다면 그것도 의미가 있다. 탐스슈즈 같은 사회공헌기업으로 재탄생하는 것도 멋진 일이다.

탈진하는 창업자. 벤처업계에서도 창업 멤버 셋 중 하나는 1년 안에 떠난다고 한다. 재무적 가치와 사회적 가치를 동시에 추구하는 소셜 비즈니스에서도 창업 멤버들이 떠나가는 건 막을 수 없는 현상이다. 그보다 더 큰 난관은 창업을 제안한 대표자가 탈진하는 경우다. 창업 3년 정도 지나면 창업자는 마음과 몸뿐 아니라 은행계좌 잔고도 바닥나기 쉽다. 성장단계에 들어선 기업은 다시 한 번 사업에 박차를 가해야 한다. 이때쯤 투입할 수 있는 교체선수를 미리 확보해두는 게 좋다. 그게 어렵다면, 대표자 업무를 쪼개서 맡길 수 있는 임원진을 확보해두어야 한다. 아울러 적게 벌어도 잘 살 수 있는 생활방식으로 창업 초기부터 살림살이를 구조조정해두자. 불필요한 소비를 줄이면 수입이 적어도 잘 먹고 잘 살 수 있다. 이건 창업을 하지 않고 하고 싶은 일을 하기 위해서도 필요한 일이다. 제윤경 에듀머니 대표의 말처럼 "더 많은 사람들이 자기가 원하는 일을 하면 세상이 더 좋아질 것"이다.

떠나가는 직원들. 소셜 비즈니스 창업 초창기에는 직원들도 창업자만큼 헌신한다. 많은 소셜 비즈니스 업체들이 직원들의 급여를 동종업체보다 낮춰 그 돈으로 취약계층 등 수혜자들을 위한 가치를 창출하곤 한다. 직원들의 입장에서 생각해보면 자신이 더 받을 수 있는 돈을 회사에 증여해 사회적 가치를 만들어내는 셈이다. 그러나 직원들도 생활인이다. 한동안 희생할 수는 있어도 평생 희생하기는 쉽지 않다. 직원은 사업을 성장시키는 중요한 자본이다. 자본이 많이 축적될수록 힘을 발휘하듯, 직원 역량 등 인적 자원 역시 축적되어야 회사가 성장한다. 직원들에게 자신이 사는 지역사회에서 10년 후, 20년 후 미래를 그릴 수 있는 정도의 소득은 보장할 수 있도록 급여체계를 세워야 한다.

가짜 산타. 기부금은 내면서 세금은 안 내는 업체, 불우이웃은 도우면서 직원 인권은 침해하는 업체들이 있다. 친환경 마케팅을 하면서 생산과정에서는 유해물질을 쓰는 업체들도 있다. 가짜 산타다. 때로 가짜 산타는 소셜 비즈니스 업계 내에서도 나온다. 이런 업체는 사회적 일자리를 만들어낸다며 지인들을 고용한 것처럼 꾸며 인건비 지원금을 가로챈다거나, 소셜 비즈니스를 할 것처럼 사업계획서를 써 지원금을 따내기도 한다. 정부 지원과 민간 기부금을 받아 수혜자한테는 형편없는 서비스를 제공하는 사회복지기관도 있다.

이런 가짜 산타는 겉으로 판별이 어렵다. 그래서 가짜 산타야말로 진짜 산타의 가장 성가신 적이다. 산타 평판을 망가뜨려 사람들이 진짜 산타들의 선의를 의심하게 만든다. 해외에서는 일부 마이크로파이낸스기관들이 가난한 사람들에게 돈을 꿔준 후 소득을 높여주는 노력 없이 빚 상환만 독촉해 마이크로파이낸스업계 전체를 욕 먹이고 있다.

소셜 비즈니스 업체의 매출 규모가 커지고 사회에 미치는 영향력이 높아지면 비사회적 기업들—수익 최대화를 위해 사회·환경적 가치는 상관하지 않는 기업—과의 경쟁은 본격적으로 시작된다. 소셜 비즈니스 업체나 사회책임기업들이 노동권, 환경보호 등 기업시민으로서 지켜야 마땅한 도리를 다 하느라 비용을 치르는 동안 비사회적 기업들은 노동 착취, 환경 파괴를 일으키며 비용을 외부화한다. 당연히 가격 경쟁에서 불리해진다.

그러나 비사회적 경제 자체가 산타 회사들의 진짜 적은 아니다. 오히려 모태다. 사람 먹는 것에 몹쓸 짓 하는 업자들 때문에 소비자 협동조합, 윤리적 식품회사가 시장을 얻는다. 환경 문제를 일으키는 업체들 때문에 친환경 시장이 새로 열린다.

산타들의 진짜 적은 따로 있다. 비사회적인 정치권력과 비사회화된 대중이다. 이들은 비사회적 경제 논리가 우리 사회를 지배하게 만드는 장본인이다. 이들은 결탁 혹은 방관을 통해 비사회적 기업들이 사업하기 좋은 환경을 만든다. 이런 환경에서는 사회적 가치를 추구하던 기업들도 일정 규모 이상 커지려면 비사회적 경제 논리를 흡수하게 된다.

비사회적인 정치권력. 이들은 정치권력 유지에 치중한 나머지 인간으로서의 존엄과 가치, 행복을 추구할 권리 같은 사회 보편의 가치는 무시한다. 특정집단이 시장을 지배하고 경제력을 남용하는 것을 방관하거나 이들과 결탁한다. 시장의 공정한 심판관 자리에서 내려와 직접 시장을 움직이려 든다. 이들은 시기심이 강하다. 소설 속 '절대반지'와 같은 독점적인 힘을 행사하려 든다. 산타들의 사회적 인기가 높아지면 이들의 세력화를 우려해 견제하려 든다.

비사회화된 대중. 개인화된 대중은 마치 관객처럼 행동한다. 비사회적 비즈니스가 시장의 모든 경기에서 승리하도록 방관하고 심지어 응원한다. 기업이 일으키는 인권 침해 혹은 환경 파괴 같은 문제를 자신과는 상관없는 일로 여긴다. 생산, 소비 등 경제활동을 할 때 사회적 가치를 염두에 두지 않는다. 심지어 자신이 비사회적 정치권력이나 시장권력의 피해자가 되어도 그것을 사회 문제로 인식해 사회적 행동에 나서지 않고 개인적 불만으로 터트린다.

비사회적 경제에 물든 산타. 기업(Company)이라는 말의 어원은 함께(Com) 빵을 나누다(pany)이다. 함께 빵을 나누는 집단이 주주일 때는 주식회사, 조합원일 때는 협동조합, 사회일 때는 사회적기업, 사원일 때는 사단법인이 된다. 법인격이 어떻든 사회적 사명을 추구하면 그 사회에 선물 같은 존재가 된다. 그런데 이들이 사회적 사명보다 자기 집단의 이익을 중시한 나머지 비사회적 기업 같은 기업행위를 할 때가 있다. 이익 극대화만을 추구한다거나 조합원 이익만을 추구하는 것이다. 규모가 커진 산타 회사는 비사회적 기업들과 경쟁에서 살아남기 위해 사명과 원칙을 무시하기도 한다.

이 책을 쓰는 동안 이 책의 출연진 중 강팀 두 곳이 이러한 외부, 내부의 적들로 인해 곤경에 처했다. 대표적인 사회적기업인 그라민은행은 국유화 논란에 휩싸였고, 설립자인 무하마드 유누스 전 총재는 범법자로 몰렸다. 2013년 11월, 의회에서는 '그라민은행법

안'이 구두 표결로 통과됐다. 정부의 감시 권한을 강화하고 정부 선임 이사들과 중앙은행을 통해 그라민은행 총재를 사실상 정부가 선임할 수 있게 만든 법안이었다. 9월에는 방글라데시 내각이 유누스가 상금과 책 인세 등 해외 소득을 탈루했다며 그라민은행에 해명을 요구했다. 2012년에는 셰이크 하시나 총리의 지시에 따라 정부위원회가 구성돼 그라민은행과 48개 계열회사의 활동을 조사한 적이 있었다.

정말 유누스는 범법자일까? 그는 "모든 소득을 신고하고 관련 법률을 준수했다"며 혐의를 완강히 부인했다. BBC, APF 등 외신들은 "유누스 전 총재가 2007년 정계 입문 의사를 공개적으로 밝힌 후 하시나 총리와의 사이가 급격히 나빠졌다"고 전했다. 2006년 노벨평화상을 받은 유누스는 2007년 정계입문을 선언하고 하시나 총리에 맞서 '나고리크 샤크티(시민의 힘)'를 창당하는 과정에서 기존 정치권과 갈등을 빚다가 몇 달 만에 정계 진출을 포기한 적이 있다. 외신들은 정부에 '미운 털'이 박힌 그가 정치보복을 받고 있다고 분석했다. 현 정권이 그라민은행의 수백만 고객을 '잠재적인 표'로 가져가려는 속셈이 있다는 분석도 나왔다.[53]

유누스의 진실이 무엇인지는 알기 어렵다. 한국에서도 그렇지만 세무 문제는 권력자가 자신이 손보고 싶은 대상을 괴롭힐 때 이용하기 좋은 도구다. 확실한 건 이것이다. 국가권력의 무능과 부패는

---

53) '빈민 위한 그라민은행, 방글라데시 정부 경영간섭 심해진다', <경향신문>, 2013년 11월 7일.
'노벨평화상 받은 방글라데시 그라민은행 '국유화' 논란', <조선일보> 2013년 8월 9일 종합

그라민 같이 세계적으로 걸출한 소셜 비즈니스를 낳았다. 그러나 그라민이 국가를 대표하는 영예로운 자리를 얻자 국가권력은 통째로 삼켜 그 힘을 흡수하려 들고 있다. 그라민은행의 지분 95%를 지닌 대출자들—97%가 가난한 여성인—은 자신들의 은행을 지켜낼 수 있을까.

협동조합의 대표 주자로 꼽히는 몬드라곤에서도 비보가 날아들었다. 2013년 11월, 몬드라곤협동조합그룹 소속 가전회사 파고르가 파산보호를 신청한 것이다. 파고르는 유럽 5위의 가전회사였다. 이 회사의 전신은 전쟁으로 황폐해진 스페인 바스크 지역에서 스스로 일자리를 만들겠다며 5명의 노동자가 1956년 설립한 울고 (Ulgor)다. 세계 최대 노동자협동조합인 몬드라곤의 모태이자 설립 정신의 상징인 회사다.

그동안 파고르에 약 3억 유로, 우리 돈 4,300억 원을 지원했던 몬드라곤그룹은 추가 지원을 거절했다. 그룹 소속 유통협동조합 에로스키와 다른 두 조합이 거부권을 행사했다. '자금을 지원한다고 해서 파고르의 미래가 보장되지는 않는다'는 게 이유였다. 파고르는 유럽 경기 침체와 아시아 저가 제품의 홍수 속에 매출이 급감해 5년 연속 적자를 기록했다. 에로스키 역시 경쟁에 치여 경영난에 빠진 것으로 알려졌다.[54] 몬드라곤의 두 가지 원칙이 깨질 수 있는 위험이 높아졌다. 그룹 소속 협동조합 간 협력 원칙, 조합원 직원에 대한 고용 유지 원칙이 그것이다. 파고르 가전 부문의 고용인원은 5,600여 명으로 이중 조합원은 2,000명이다. 이 글을 쓰고 있는 2013

년 12월에도 그들은 고용 승계를 요구하며 시위를 벌이고 있다.

파고르는 스페인뿐 아니라 프랑스, 폴란드, 모로코, 중국 등 13곳에서 브란트, 데 디트리히 같은 브랜드로 가전제품을 생산했다. 판매시장은 130개국에 달했다. 스테파노 자마니 볼로냐 교수는 "파고르는 스페인 안에서는 노동자 협동조합으로서 협동조합 원칙을 따랐지만 그 바깥 지역에서는 일반 주식회사처럼 수익 중심 사업을 벌였다"고 지적했다. 규모 확대를 위해 스페인 바깥에서는 자본주의 기업, 즉 경기장의 논리를 따랐다는 것이다. 그렇게 해서 유럽 5위의 가전회사 자리에 올랐지만 스페인과 유럽을 강타한 금융위기와 경기침체의 한파 속에서는 최종 승자가 되지 못했다. 이런 조건 속에서 파고르와 몬드라곤은 협동조합의 전통과 원칙을 지켜낼 수 있을까? 결말은 세월이 말해줄 것이다.

산타 회사들 역시 우리 삶에 영향을 미치는 정치권력, 시장경제 체제 속에서 존재한다. 이들 역시 우리의 정치, 시장을 지배하는 룰을 따라야 한다. 비사회적인 심판관과 관객 속에서 경기를 치러야 한다. 이런 경기에서는 끝까지 살아남기 어렵다. 시장의 강자가 된다고 해도 그라민은행이나 파고르처럼 국가권력이나 시장 논리에 정복당하는 위협 앞에 놓일 수 있다.

서로가 서로의 산타가 되는 경제, 사회화된 경제가 좀 더 퍼지길

---

54) '주주자본주의 대안' 몬드라곤 계열사 파산보호 신청', <아시아경제> 2013년 11월 14일

원한다면 우리 모두는 경기의 룰, 즉 시스템을 바꾸는 노력을 멈추지 않아야 한다. 이긴 자가 모두 갖는 경기의 룰을 거부하고, 모두 '공동의 풍요로움'을 위해 둘러앉는 것이다. 적을 이기는 게 아니라 적을 없애는 것이다. 우리 헌법도 국가에 그것을 권한다. '국가는 균형 있는 국민경제 성장과 적정한 소득 분배, 시장지배와 경제력 남용 방지, 경제 주체 간의 조화를 통한 경제민주화를 위해 경제에 관한 규제와 조정을 할 수 있다.(헌법 119조 2항)'

상상해보자. 어디서 누구의 자식으로 태어나든, 얼굴색이나 성별이 어떠하든, 부유해지고 행복해질 수 있는 사회. 무엇이 선이고 행복인가를 찾기 위해 멀리까지 갈 필요 없이 바로 내가 있는 이 자리가 선하고 행복한 개인. 서로가 서로를 보완하는 공동체 속에서 밥벌이가 곧 내 삶의 사명을 이루는 일이 되고, 내가 하는 일이 곧 다른 사람에게 선물이 되는 직장. 남보다 더 가진 사람을 존경하기보다는 남보다 더 많이 나누는 사람이 존경 받는 문화. 서로가 서로에게 선물 같은 존재가 되는 곳.

무엇을 상상하든 우리는 만들 수 있다. 민주주의와 자유를 고안해냈듯. 우리는 없앨 수도 있다. 인육의 풍습이나 노예제도를 없앴듯. 그 세상이 비록 내 삶이 끝나는 지평선 너머에 있어 내가 그곳에 가지 못할 수는 있어도 우리는 갈 수 있다. 긴 역사 속에서 인류는 늘 그랬다.